ACCESO GRATIS *a la Lectura en la Nube*

Para visualizar el libro electrónico en la nube de lectura envíe junto a su nombre y apellidos una fotografía del código de barras situado en la contraportada del libro y otra del ticket de compra a la dirección:

ebooktirant@tirant.com

En un máximo de 72 horas laborales le enviaremos el código de acceso con sus instrucciones.

La visualización del libro en **NUBE DE LECTURA** excluye los usos bibliotecarios y públicos que puedan poner el archivo electrónico a disposición de una comunidad de lectores. Se permite tan solo un uso individual y privado

EL DISCRETO ENCANTO DEL DERECHO ADMINISTRATIVO

COMITÉ CIENTÍFICO DE LA EDITORIAL TIRANT LO BLANCH

María José Añón Roig
Catedrática de Filosofía del Derecho de la Universidad de Valencia

Ana Cañizares Laso
Catedrática de Derecho Civil de la Universidad de Málaga

Jorge A. Cerdio Herrán
Catedrático de Teoría y Filosofía del Derecho Instituto Tecnológico Autónomo de México

José Ramón Cossío Díaz
Ministro en retiro de la Suprema Corte de Justicia de la Nación y miembro de El Colegio Nacional

María Luisa Cuerda Arnau
Catedrática de Derecho Penal de la Universidad Jaume I de Castellón

Manuel Díaz Martínez
Catedrático de Derecho Procesal de la UNED

Carmen Domínguez Hidalgo
Catedrática de Derecho Civil de la Pontificia Universidad Católica de Chile

Eduardo Ferrer Mac-Gregor Poisot
Juez de la Corte Interamericana de Derechos Humanos Investigador del Instituto de Investigaciones Jurídicas de la UNAM

Owen Fiss
Catedrático emérito de Teoría del Derecho de la Universidad de Yale (EEUU)

José Antonio García-Cruces González
Catedrático de Derecho Mercantil de la UNED

José Luis González Cussac
Catedrático de Derecho Penal de la Universidad de Valencia

Luis López Guerra
Catedrático de Derecho Constitucional de la Universidad Carlos III de Madrid

Ángel M. López y López
Catedrático de Derecho Civil de la Universidad de Sevilla

Marta Lorente Sariñena
Catedrática de Historia del Derecho de la Universidad Autónoma de Madrid

Javier de Lucas Martín
Catedrático de Filosofía del Derecho y Filosofía Política de la Universidad de Valencia

Víctor Moreno Catena
Catedrático de Derecho Procesal de la Universidad Carlos III de Madrid

Francisco Muñoz Conde
Catedrático de Derecho Penal de la Universidad Pablo de Olavide de Sevilla

Angelika Nussberger
Catedrática de Derecho Constitucional e Internacional en la Universidad de Colonia (Alemania). Miembro de la Comisión de Venecia

Héctor Olasolo Alonso
Catedrático de Derecho Internacional de la Universidad del Rosario (Colombia) y Presidente del Instituto Ibero-Americano de La Haya (Holanda)

Luciano Parejo Alfonso
Catedrático de Derecho Administrativo de la Universidad Carlos III de Madrid

Consuelo Ramón Chornet
Catedrática de Derecho Internacional Público y Relaciones Internacionales de la Universidad de Valencia

Tomás Sala Franco
Catedrático de Derecho del Trabajo y de la Seguridad Social de la Universidad de Valencia

Ignacio Sancho Gargallo
Magistrado de la Sala Primera (Civil) del Tribunal Supremo de España

Elisa Speckman Guerra
Directora del Instituto de Investigaciones Históricas de la UNAM

Ruth Zimmerling
Catedrática de Ciencia Política de la Universidad de Mainz (Alemania)

Fueron miembros de este Comité:
Emilio Beltrán Sánchez, Rosario Valpuesta Fernández y **Tomás S. Vives Antón**

Procedimiento de selección de originales, ver página web:
www.tirant.net/index.php/editorial/procedimiento-de-seleccion-de-originales

EL DISCRETO ENCANTO DEL DERECHO ADMINISTRATIVO

3ª Edición

Marcos Vaquer Caballería
Universidad Carlos III de Madrid

tirant lo blanch
Valencia, 2025

Copyright ® 2025

Todos los derechos reservados. Ni la totalidad ni parte de este libro puede reproducirse o transmitirse por ningún procedimiento electrónico o mecánico, incluyendo fotocopia, grabación magnética, o cualquier almacenamiento de información y sistema de recuperación sin permiso escrito del autor y del editor.

En caso de erratas y actualizaciones, la Editorial Tirant lo Blanch publicará la pertinente corrección en la página web www.tirant.com.

© Marcos Vaquer Caballería

© TIRANT LO BLANCH

EDITA: TIRANT LO BLANCH
C/ Artes Gráficas, 14 - 46010 - Valencia
TELFS.: 96/361 00 48 - 50
FAX: 96/369 41 51
Email: tlb@tirant.com
www.tirant.com
Librería virtual: www.tirant.es
DEPÓSITO LEGAL: V-4114-2025
ISBN: 979-13-7021-366-4
MAQUETA: Tink Factoría de Color

Si tiene alguna queja o sugerencia, envíenos un mail a: *atencioncliente@tirant.com.* En caso de no ser atendida su sugerencia, por favor, lea en *www.tirant.net/ index.php/empresa/politicas-de-empresa* nuestro procedimiento de quejas.

Responsabilidad Social Corporativa: http://www.tirant.net/Docs/RSCTirant.pdf

Para Pablo, Carmen y Nuria,
que me han hecho padre.

Índice

Abreviaturas

art(s)	Artículo(s)
BOE	Boletín Oficial del Estado
FJ	Fundamento Jurídico
IPREM	Indicador Público de Renta de Efectos Múltiples
LBRL	Ley 7/1985, de 2 de abril, reguladora de las Bases del Régimen Local
LC	Ley 22/1988, de 28 de julio, de Costas
LCSP	Ley 9/2017, de 8 de noviembre, de Contratos del Sector Público
LEF	Ley de 16 de diciembre de 1954, de Expropiación Forzosa
LES	Ley 2/2011, de 4 de marzo, de Economía Sostenible
LJCA	Ley 29/1998, de 13 de julio, reguladora de la Jurisdicción Contencioso-Administrativa
LPAC	Ley 39/2015, de 1 de octubre, del Procedimiento Administrativo Común de las Administraciones Públicas
LPAP	Ley 33/2003, de 3 de noviembre, del Patrimonio de las Administraciones Públicas
LPHE	Ley 16/1985, de 25 de junio, del Patrimonio Histórico Español
LRJSP	Ley 40/2015, de 1 de octubre, de Régimen Jurídico del Sector Público
RAE	Real Academia Española
RPT	Relación de Puestos de Trabajo
STC, SSTC	Sentencia(s) del Tribunal Constitucional
STS, SSTS	Sentencia(s) del Tribunal Supremo
STSJ, SSTSJ	Sentencia(s) del Tribunal Superior de Justicia de una Comunidad Autónoma

TREBEP	Real Decreto Legislativo 5/2015, de 30 de octubre, por el que se aprueba el Texto Refundido de la Ley del Estatuto Básico del Empleado Público
TFUE	Tratado de Funcionamiento de la Unión Europea
TUE	Tratado de la Unión Europea
TRRL	Real Decreto Legislativo 781/1986, de 18 de abril, por el que se aprueba el Texto Refundido de las Disposiciones Legales Vigentes en Materia de Régimen Local
TRLSRU	Real Decreto Legislativo 7/2015, de 30 de octubre, por el que se aprueba el Texto Refundido de la Ley de Suelo y Rehabilitación Urbana
UE	Unión Europea

0. Pretexto

Yo enseño. No enseño matemáticas ni lengua, tampoco teoría de juegos ni neurobiología. Enseño Derecho administrativo. No es materia venerada por los estudiantes, precisamente. Y no alcanzo a comprender porqué.

La Administración pública provee la educación de nuestros hijos y el cuidado de nuestros padres, ejecuta las cargas policiales y las multas de tráfico, organiza el abastecimiento de aguas y el alcantarillado y vigila la seguridad de nuestras viviendas o de nuestros alimentos. El número de empleados públicos en España rebasa los dos millones y medio. Los contratos del sector público rondan el quince por ciento y el gasto público supera el cuarenta por ciento del producto interior bruto de nuestra economía. Y el Derecho administrativo es el que rige todo ese ingente volumen de empleo, actos, contratos y gasto.

¿Y a quién le importa? El Derecho administrativo *mueve montañas*. Montañas de recursos y de las otras, ya que también regula los desmontes y movimientos de tierras. Así que importa y mucho. Pero no gusta nada. Los estudiantes e incluso algunos estudiosos lo tienen por una disciplina árida, gris, fea.

Cierto que hay excepciones. En el mensaje navideño de Televisión Española con el que Julio Iglesias felicitó a todos los españoles el año nuevo de 1996, formuló tres deseos muy lúcidos: "*Primero, estar juntos. Juntos más que nunca. Un buen Derecho administrativo. Importantísimo. Y mucha felicidad en las familias*". Y quien crea que aquello fue un *lapsus* o un arrobo pasajero provocado por el burbujeo de fin de año, que lea la entrevista que se publicó en el periódico La Opinión el 18 de agosto de 2009 —"*A mi lo que me gusta es el Derecho administrativo*"— o la de Público en agosto de 2011: "*Lo más importante es el Derecho administrativo, que no tiene ni izquierda ni derecha*".

Pero por desgracia, no abundan espíritus tan exquisitos. Lo que abunda es el desdén hacia el Derecho administrativo. *Y lo sabes*. Hace años, deambulando bajo los soportales de un patio de la Universidad, pude oír a un estudiante que les comentaba a sus compañeros: "*¡Tengo un dolor de cabeza! … ni que hubiera estado leyendo el manual de* *administrativo"*. A él le dolía la cabeza, a mí me dolió la vocación. Quise amonestarle de inmediato. Afortunadamente me contuve, pero ese día nació en mí el secreto impulso de divulgar el magnetismo seductor de este campo que cultivamos millares de estudiosos, practicamos millones de profesionales y funcionarios y padecemos todos los ciudadanos sin excepción.

No puedo reprocharle al estudiante desconocido que crea deshumanizado a un ramo del ordenamiento jurídico que, por ejemplo, llama "clases pasivas" a aquellos empleados públicos abocados a poner fin a una vida de servicio por jubilación o incapacidad, y "haber regulador" a la base de cálculo de los emolumentos que harán más liviana su espera.

El Derecho administrativo es muy copioso y puede llegar a ser muy enigmático. Digo copioso porque es capaz de admitir con toda naturalidad en su seno a disposiciones tales como la Orden ECO/2692/2002, de 28 de octubre, por la que se regulan los procedimientos de liquidación de la retribución de las actividades reguladas del sector del gas natural y de las cuotas con destinos específicos. Habida cuenta de la fecha y numeración de esta disposición, podemos presumir que sólo ese Departamento ministerial y sólo en los diez meses precedentes de ese año había dictado otras 2.691 órdenes, aunque quizás no todas tan enjundiosas. Qué manía de ordenar.

Y para demostrar su carácter enigmático puedo traer a estas páginas el electrizante ejemplo del Real Decreto 1066/2001, de 28 de septiembre, ocupado de "*las emisiones de energía en forma de ondas electromagnéticas, que se propagan por el espacio sin guía artificial*" al decir de su artículo 2. Su anexo I prescribe que "*las estaciones dedicadas a observaciones radioastronómicas, en cada una de las bandas de frecuencias que se encuentran atribuidas al servicio de radioastronomía en conformidad con el Cuadro Nacional de Atribución de Frecuencias, estarán protegidas contra la interferencia perjudicial por los niveles de intensidad de campo que se indican a continuación: -34,2 dB(μV/m) en la banda de 1400 a 1427 MHz*", etc. Por su parte, su anexo II nos aclara que "*la corriente de contacto (lc) entre una persona y un objeto se expresa en amperios (A). Un objeto conductor en un campo eléctrico puede ser cargado por el campo*". ¿Qué podemos añadir sobre un campo tan cargante?

Así que el Gobierno dictó en 2001 más de 1.000 Reales Decretos y el Ministerio de Economía en 2002, cerca de 3.000 Órdenes. En su obsesiva persecución del leviatán, el Derecho administrativo se adentra cada día más temerariamente en las aguas revueltas de mares remotos como los campos electromagnéticos, las tecnologías de telecomunicaciones, los tratamientos fitosanitarios o los derivados financieros. Y los que nos dedicamos profesionalmente a este Derecho remamos disciplinadamente en nuestras lanchas buscándole un sentido a todo esto porque, como sentenció Herman Melville para concluir su explicación de las leyes balleneras en *Moby Dick*, "*parece haber alguna razón en todo, incluso en el derecho*".

¿Incluso en el Derecho administrativo puede haber alguna razón? No es tarea fácil encontrar las razones en este hiperactivo Derecho nuestro, capaz de promulgar miles de órdenes y decretos en un solo año y hacer más cierta que ningún otro la clásica maldición que profiriera von Kirchmann sobre la ciencia jurídica: una sola palabra del legislador convierte bibliotecas enteras en basura. Por eso, tampoco puede extrañarnos que muchos juristas desesperen del estudio de tan voluble disciplina. Unos prefieren elevar su atención a los grandes valores, derechos y principios del ordenamiento grabados con letras de molde en las páginas de filo dorado de la Constitución. Otros se desvían hacia instituciones beneméritas e inmarcesibles como la anticresis, la enfiteusis, el fideicomiso o la redención de los foros. Mientras, los que porfiamos en el análisis de los reglamentos y los actos administrativos nos abandonamos sin redención posible a la melancolía o nos refugiamos en géneros más agradecidos como la crítica literaria, la poesía o la sátira.

Pero en las páginas que siguen me propongo refutar el prejuicio según el cual el Derecho administrativo es una disciplina árida y gris, para lo que habré de demostrar la honda sensibilidad ética y estética que lo anima. Esta es la tesis: el Derecho administrativo es peregrino, sí, pero no prosaico, sino sublimemente lírico. De un lirismo sutil y huidizo, pero acaso ser menos apreciable lo haga más precioso.

Trataré aquí de la lírica y dejaré para otro lugar la épica, pero no porque carezca de ella. La Administración pública es el poder público llamado a actuar el Derecho: ejecuta el Derecho, lo lleva al acto, así que podemos afirmar que la Administración es la que hace (a veces, también *la que la hace*). Y como la administración es acción, el Derecho administrativo tiene su épica. Pero mi experiencia docente me ha enseñado que no es tan necesario reivindicar esta dimensión suya, que es captada intuitivamente por los alumnos. Me lo demostró aquel que dejó escrito en su examen que el Defensor del Pueblo es un "alto *comando* de las Cortes Generales", o aquel otro que afirmó que las comisiones evaluadoras de los concursos para la provisión de puestos de trabajo en la Administración gozan de una amplia "*discriminalidad* técnica". Aunque la Constitución define al Defensor del Pueblo como un "alto *comisionado*" y la jurisprudencia apela a la "*discrecionalidad* técnica" de los tribunales de oposiciones, a veces pienso que aquellos alumnos acertaron al errar.

Sobre esta base, podemos asimismo afirmar que el Derecho administrativo es —quiere ser— eminentemente práctico. Pero no veo en ello ninguna contradicción con sostener que es poético. Práctico y poético no se rechazan, sino que tienen mucho en común, empezando por su raíz etimológica. En ser práctico y poético radica su gracia. En la atracción de estos polos se encuentra su magnetismo.

El mismísimo von Ihering, que nos descubrió que los derechos se forjan en la épica de la lucha, no dejó por ello de apreciar su lirismo: "El derecho, que es por un lado la prosa, se trueca en la lucha por la idea en poesía, porque la lucha por el derecho es, en verdad, *la poesía del carácter*"[1]. Esta dicotomía se observa en el Derecho administrativo mejor que en ningún otro: porque no sólo protege intereses mediante derechos, sino que además está derechamente dirigido a realizar el más elevado ideal, que es el interés general. Poesía pura, que le imprime carácter a la Administración.

Por desgracia, los cultivadores del Derecho administrativo solemos tener un espíritu poco inclinado a la poesía. Durante demasiado tiempo nos hemos afanado por afirmar la seriedad y la autonomía de nuestra dogmática, dibujando rigurosas instituciones en *el cielo de*

---

1 Rudolf von Ihering, *La lucha por el derecho*, 2ª reimp., Madrid, Cívitas, 2016, p. 91. Las cursivas en el original.

los conceptos. Meritorio, pero aburrido[2]. Así recordaba Paul Valéry su paso por las aulas de la facultad de Derecho: "*La estupidez y la insensibilidad me parecen inscritas en el programa. Mediocridad de alma y ausencia total de imaginación entre los mejores de la clase*". Para vencer a este sopor, después nos atrevimos a colorear nuestros diseños con algunas pinceladas de otras ciencias vecinas, como la sociología, la economía o la historia. Lustroso, aunque con frecuencia algo pueril. Ha llegado la hora de vivificarlos con el pálpito de la poesía, para que inspiren por fin un aliento humanista.

Pero entonces ¿se puede elaborar en serio una teoría poética del Derecho administrativo? Que responda de nuevo Valéry:

> *"No veo materia intelectual que no se haya visto a lo largo de los tiempos forzada al ritmo y sometida por el arte a extrañas, a divinas exigencias.*
> *Al no estar elucidados ni el objeto exacto de la poesía ni los métodos para dar con él, callando aquellos que los conocen, disertando aquellos que los ignoran, toda nitidez sobre estas cuestiones sigue siendo individual, está permitida la mayor contrariedad en las opiniones, y existen, para cada una de ellas, ilustres ejemplos de experiencias difíciles de controvertir"*[3].

Tratemos de desvelar el carácter de la Administración y la poesía de su Derecho ilustrando algunas de sus experiencias más incontrovertibles. Para ganar al desafecto, nos valdremos de veinte proposiciones de rigor y una conclusión esperanzada. Y aunque el método jurídico suele ser deductivo, nosotros utilizaremos el método inductivo que va por la anécdota a la categoría. Desde ya pido disculpas por la extravagancia del intento, un estrambote que empuja al autor a la sátira y la grandilocuencia[4] y que requiere del lector mucha in-

---

2 Decía Chesterton con mucha razón que lo divertido no es lo contrario de lo serio, sino de lo aburrido. Aburrir para aparentar seriedad es definitivamente una mala estrategia.

3 Paul Valéry, *Teoría poética y estética*, Madrid, Visor, 1990.

4 Chesterton también añoraba a "la sátira política y social" como un arte perdido basado en el respeto y sostuvo que "nadie alcanzará nunca la elocuencia si teme a la grandilocuencia" en su volumen *Tipos diversos* (*Varied Types*, 1908, edición española de Espuela de Plata, 2011), en el que hizo, por cierto, un uso generoso de ambas. El humor español es mucho menos

dulgencia. Pero quien la conceda no sólo avistará en estas páginas a la ballena blanca y las blancas arenas de Ítaca, también encontrará pagodas eternamente soleadas que albergan a un cíclope enjaulado. Por el camino se topará con un can acuclillado, un asno obispo, un conejo agazapado y cinco putas degolladas. Y contemplará al fin la magnificencia de Jano.

Sólo unas pocas palabras más, antes de internarnos en busca de tan fantásticos personajes. Desde que se publican, los libros cobran vida. Y según cumplen ediciones, crecen, como lo hacen los hijos al ir cumpliendo años. Unos y otros —los libros y los hijos— se van abriendo a las influencias que el mundo les ofrece y en este abrirse al mundo, cada vez pertenecen menos a sus autores, o a sus padres, y más a sus lectores, sus compañeros y amigos. Si este librito alcanza su tercera edición es porque ya es una obra colectiva. Muchas gracias Nuria, Isaac, Juli, José Ramón, Beatriz, Elisenda, Antonio, Paco, Tomás, Diego, José Luis, Pedro, Erick y tantos otros. A aquellos que seguís jaleándome y pidiendo más, os digo: *En el pecado lleváis la penitencia.*

---

propicio a la sátira, a la que tiende a desnaturalizar y confunde fácilmente con la burla o el aleccionamiento. El *Diccionario de la lengua española* define la sátira como "escrito cuyo objeto es censurar acremente o poner en ridículo a personas o cosas" y Ramón Gómez de la Serna le achaca que "se irroga una misión moralizadora, y hay por eso en la sátira un elemento moral impertinente, una crítica rigurosa que no merece la vida" (*Humorismo*, Casimiro, 2014). Pero es que la RAE y Don Ramón nos hablan de una sátira acre que no creo que pertenezca al género respetuoso y risueño añorado por Chesterton, que es el que voy a intentar cultivar aquí.

1. La pesca del leviatán

Para entender la maldición del administrativista, conviene decir algo más sobre los reglamentos. Los reglamentos (bajo su variada nomenclatura de reales decretos, decretos, órdenes y ordenanzas) son siempre disposiciones generales que contienen normas. Y todas las normas persiguen la seguridad jurídica. La seguridad jurídica está proclamada en el artículo 9.3 de la Constitución española como un principio típico del Estado de Derecho, por lo que sujeta a todo el Derecho y no sólo al administrativo. Pero este último es un orden que nos hemos empeñado en urdir para sujetar a Derecho la vida de una persona pública —la Administración— que no para quieta y que tiene la capacidad para meterse en nuestras vidas y haciendas.

Se comprende que el Derecho administrativo se vea particularmente impelido a procurar la legalidad y la seguridad jurídica en las relaciones de este *deus ex machina*, sobre todo en las que traba con las personas privadas. Para tal fin utiliza normalmente al reglamento. Dice también nuestra Constitución en su artículo 97 que son funciones del Gobierno, entre otras, dirigir a la Administración y ejercer la potestad reglamentaria. De modo que, si todos los juristas trabajan con normas, los administrativistas nos afanamos particularmente con los reglamentos.

Con ellos, el Gobierno se propone *atar en corto* a la Administración. Pero no como se sujeta a una res brava: con una soga recia. Sino como ataron los liliputienses al gigante Gulliver: con una infinidad de finas lazadas cuya suma fue capaz de inmovilizarlo. Sin embargo, lo mismo intentaron los balleneros con Moby Dick con mucho menos éxito, pues sólo lograron que el leviatán arrastrara consigo un fenomenal lío de arpones y cables y enredara en él fatalmente a alguno de sus perseguidores. Y mucho me temo que la Administración se parece más a una ballena que a un gigante, por su imponente masa corporal revestida en mucha grasa, por su aspecto inexpresivo y por su querencia a sumergirse en profundidades insondables cuando se sabe perseguida.

La profusión de reglamentos a discreción pretende habernos reportado una mayor seguridad jurídica en el primero de los sentidos de este principio, que es la exigencia de un Derecho cierto. Pero esa misma profusión, despachada con precipitación y mala técnica, genera confusión o, lo que es lo mismo, nos aleja cada día más de la seguridad jurídica en su segundo y no menos sustancial sentido: la exigencia de un Derecho previsible. Lo que nos esforzamos en avanzar en uno de los sentidos de la seguridad jurídica, lo retrocedemos con creces en el otro.

Es cierto que todavía quedan unas pocas materias graves ancladas en leyes vetustas llamadas a regir incólumes hasta el fin de los días. Leyes parcas en palabras y que apenas necesitan ser aseguradas con reglamentos únicos e igualmente adustos: ahí están la Ley de Expropiación Forzosa de 1954 y su Reglamento de 1957, o la de Secretos Oficiales de 1968, que se basta con sus catorce artículos y su Reglamento único de 1969 para ocultar cuanto precisa con una eficacia contrastada, pues sólo ha sido modificada en una ocasión durante medio siglo de vigencia[5]. Pero son la excepción: diríase que sólo para privar se atiene la Administración a reglas estables y concisas.

Para comprender esta rareza, quizás haya que jugar con las palabras porque privar, según la RAE, es "despojar a alguien de algo que poseía" (como ocurre en la expropiación) o "prohibir o vedarle a alguien algo" (como pasa con los secretos), pero también "complacer o gustar extraordinariamente". Quizás sea el extraordinario placer que halla el Poder en estas privaciones lo que les haya procurado tanto éxito a estas leyes. Pero esta apreciación nos desvía hacia un terreno resbaladizo, el del depravado erotismo jurídico-administrativo,

---

5 A los pocos meses de incluir esta afirmación en la 2ª edición de la obra, leí que el gobierno había aprobado —un 1 de agosto, para más *inri*— un anteproyecto de nueva ley de información clasificada. Sucesivamente, cundieron en mí la vanidad (¿alguien del gobierno podía haberme leído?) y la alarma (¿mis reflexiones habrían provocado la reforma legal?). Pero la ilusión duró poco. El proyecto nunca vio la luz. Ya preparando esta 3ª edición, vuelvo a palpitar al descubrir que un nuevo proyecto de ley ha sido aprobado, esta vez el 22 de julio. Quizás esta iniciativa también se agoste pronto. Mientras tanto, los secretos oficiales siguen celosamente custodiados por su ley inmutable.

que es ajeno a este capítulo pero que prometo abordar más adelante (§ 4) en la forma monográfica que merece.

Así que, en general, no podemos compartir la alegre confianza que expresara Ernst Jünger en su memorable *Tempestades de acero*: "*aquí, en el campo de batalla, todo es claro y sencillo; mis derechos y deberes están fijados en el reglamento*". Porque ya son raros los campos en los que rige "*el reglamento*" —así, en singular— y en cambio son legión aquellos otros en los que se multiplican, se entrecruzan y se estorban en un desconcierto enfervorecido como se enredan, se tensan y se cortan las estachas en el relato de Melville. Triste sino el del administrativista: cuanto más es lo ordenado, tanto más crece en él la sensación de inabarcable desorden.

Sin embargo, los peligros del desafío no arredraron al Capitán Ahab, sino que lo enardecieron hasta la locura y arrastraron detrás de él al prudente Starbuck, al incisivo Quiqueg y al bueno de Ismael. Y aunque su viaje no admitía otro desenlace que la desventura, ninguno de ellos desembarcó. Yo también me enrolé de muy joven: *Llamadme Ismael*.

2. *Una odisea del despacio*

Ya que hemos entrado con metáforas marinas, otra nos servirá para explicar la europeización de nuestro Derecho administrativo:

En 1986, los españoles nos embarcamos en el *viaje a Ítaca* que otros europeos habían emprendido décadas atrás. Exhaustos por guerras que nos habían desangrado, anhelábamos regresar a esa isla civilizatoria a la que creemos pertenecer y en la que esperábamos descansar al fin. Sin embargo, cada jornada surge una nueva adversidad y cada nuevo día amanece sin que divisemos la arena blanca de las playas de Ítaca.

Desde aquel entonces, lo cierto es que a la apabullante producción normativa de nuestros entes locales, comunidades autónomas y Estado se ha sumado la de la Unión Europea. *Éramos pocos y parió la abuela.* Mientras algunas disposiciones de la Unión tienen efecto directo (típicamente, los Reglamentos), otras (las Directivas) desencadenan un proceso descentralizado de trasposición que obliga a dictar nuevas normas de desarrollo a los Estados miembros o a sus entes territoriales (art. 288 TFUE). Por no decir que los Reglamentos están acostumbrando últimamente a remitir a su desarrollo mediante "actos delegados". Hace tiempo, además, que ha quedado desmentido el mito de la neutralidad procedimental y organizativa del Derecho de la Unión, por lo que no pasa año en el que no nos imponga crear nuevos organismos o nuevos trámites. Y para colmo, no es raro que las veinticuatro versiones lingüísticas oficiales de las normas europeas difieran entre sí, poniendo su interpretación un poco más difícil.

Y es que, en nuestra espera, Ítaca está gobernada por la fiel Penélope, que *desteje de noche lo que ha tejido de día.* Al calor de las luces del día, la Comisión Europea manda contener la regulación, simplificar los procedimientos, aliviar las cargas y acelerar la actuación administrativa. Cuando la *Directiva Bolkestein*[6] nos dijo que el exceso de trámites administrativos obstaculizaba el mercado interior, nosotros pro-

---

6 Directiva 2006/123/CE del Parlamento Europeo y del Consejo, de 12 de diciembre de 2006, relativa a los servicios en el mercado interior.

mulgamos los principios de celeridad y de simplificación (arts. 71.1 y 72.1 LPAC). Cuando los programas europeos de mejora regulatoria[7] nos hicieron ver que tendemos a legislar con desmesura, nosotros proclamamos los principios de necesidad, eficacia, proporcionalidad y eficiencia de la buena regulación (art. 129.1 LPAC). Ahora que la brújula europea vuelve a apuntar hacia la competitividad[8], a saber cuántos nuevos principios inventaremos. El caso es principiar, aunque sea el cuento de nunca acabar.

Pero de noche, envuelta en sombras, Penélope teme culminar su tarea antes de nuestra llegada y urde cómo prolongarla dictando más y más reglas, emboscando nuevas cargas, complicando procedimientos, ralentizando su actuación. Véase por ejemplo la refinada cultura de las evaluaciones que nos ha inoculado, desde la evaluación ambiental hasta las evaluaciones algorítmicas pasando por las de impacto normativo y de impacto en la protección de datos; o véanse si no los procedimientos de contratación del sector público. El último texto articulado de la Ley de Contratos del Estado anterior a nuestra adhesión a las Comunidades Europeas fue aprobado por Decreto 923/1965, de 8 de abril, y contenía 125 artículos, 3 disposiciones adicionales y 7 finales. Que no es poco. Estuvo vigente tres décadas, hasta 1995. Pero para entonces ya nos habíamos embarcado e —impulsados por varias oleadas de directivas europeas—[9] hemos ido pasando por las leyes de 1995 y de 2007, los textos refundidos de 2000 y 2011 y la actual Ley 9/2017, de 8 de noviembre, de Contratos del

---

[7] La Comunicación de la Comisión *Legislar mejor: aunar fuerzas para mejorar la legislación*, de 29 de abril de 2021 [COM(2021) 219 final] da cuenta de sus esfuerzos en este campo, que su primer párrafo no tiene pudor en celebrar como "*uno de los enfoques reguladores más avanzados del mundo*". Este aserto no demuestra las virtudes de la ambición ni menos aún la eficacia del programa, pero al menos descarta el enojoso defecto de la falsa modestia.

[8] La *Brújula para la Competitividad* presentada por la Comisión Europea el 29 de enero de 2025 insiste en la simplificación y eliminación de obstáculos y barreras y en la aceleración de los procesos de elaboración de normas: https://ec.europa.eu/commission/presscorner/detail/es/ip_25_339 (consultado el 19 de febrero de 2025).

[9] La Directiva 2014/24/UE deroga a la 2004/18/CE, que a su vez sustituye a la 92/50, la 93/36 y la 93/37/CEE, que reemplazaron a la 71/305/CEE y la 77/62/CEE.

Sector Público, que ya ha sido modificada en más de una veintena de ocasiones. Esta ley tiene 347 artículos. Y 57 disposiciones adicionales. Y 16 finales. Y 6 anexos.

No sería justo culpar sólo a la UE de este desparrame legislativo en materia de contratos, pues algo ha contribuido nuestro afán por adoptar su aproximación funcional sin renunciar a nuestra tradición estatutaria, que casa mal con aquella[10]. Pero podemos encontrar otros muchos ejemplos de disposiciones europeas con efecto directo y similar o mayor complejidad. El artículo 2 del Reglamento (UE) nº 651/2014, conocido como reglamento general de exención por categorías, contiene 143 definiciones. Tal es su afán aclaratorio que hasta la "persona física", las "obras audiovisuales difíciles" o el "deporte profesional" son primorosamente definidos por la norma. Y el célebre Reglamento (UE) 2024/1689, de inteligencia artificial, acumula 180 considerandos previos, 68 definiciones, 113 artículos y 13 anexos, que ocupan en total 144 páginas del Diario Oficial de la Unión Europea. Ni la exención de determinadas categorías del régimen de ayudas de Estado ni la inserción de la inteligencia artificial en el mercado interior son cosa sencilla, desde luego.

Últimamente, el *Informe Draghi*[11] nos ha vuelto a conminar contra los obstáculos regulatorios y las cargas administrativas. Otra vez la regulación y la administración presentadas como terribles lestrigones[12].

---

10 Como las Directivas de contratación pública persiguen abrirla al mercado interior, se desentienden de cuál sea estatuto del poder adjudicador y se extienden a todo aquel que contrata en nombre de los Estados miembros o en virtud de los derechos exclusivos o especiales o de los recursos financieros atribuidos por ellos. Mientras que de la tradición del Derecho administrativo español, centrada en el estatuto jurídico de las Administraciones públicas, subsiste nuestra especie de los "contratos administrativos" dentro del género de los "contratos del sector público", haciéndolo todo más complicado. Los artículos 24 a 27 LCSP componen un refinado minué de regímenes jurídicos —administrativo y privado, sustantivo y procesal— que da buena cuenta de lo que digo.

11 Mario Draghi, *The future of European competitiveness*, septiembre 2024, https://commission.europa.eu/topics/eu-competitiveness/draghi-report_en#paragraph_47059 (consultado el 19 de febrero de 2025).

12 Los lestrigones eran unos gigantes antropófagos en cuyo país tocó puerto la flotilla de Ulises y que devoraron, apedrearon y arponearon a sus mari-

Sean. Pero ni la Unión Europea es sólo una organización económica ni persigue solamente la competitividad, sino también la dignidad humana y el respeto de los derechos, la libertad, la democracia, la igualdad y el progreso y la protección sociales, el bienestar de los pueblos y la cohesión económica, social y territorial, la diversidad cultural y lingüística y la conservación y el desarrollo del patrimonio cultural (arts. 2 y 3 TUE). Fines tan ambiciosos como complejos que nos recuerdan que intentamos arribar a Ítaca, no a las Islas Caimán. La belleza de Ítaca es la de una complejidad dispuesta sencillamente y asentada por tiempo inmemorial. Así que procuremos la simplicidad sin caer en el simplismo (*sic et simpliciter*) y la celeridad sin el atropello (*festina lente*).

—Pero hay que ver, Ulises, qué despacio avanzamos, suponiendo que lo hagamos.

—Tú porfía, Ismael, pues como dirá el poeta:

"Siempre ten a Ítaca en tu mente;
llegar allí es tu meta; pero no apresures el viaje." [13]

---

neros, según el Canto X de la Odisea. Pero al menos no puede criticárseles por improductivos, ya que Homero nos cuenta que allí un hombre capaz de no dormir podría ganar dos salarios: uno llevando a pastar a los bueyes y otro a los blancos carneros, pues los caminos del día se funden con los de la noche.

13 Cavafis, *Ítaca*, 1911, traducción directa del griego de Cayetano Cantú incluida en la selección de sus poemas editada por la Universidad Nacional Autónoma de México, 2008.

3. El candor del ocultismo

Ni la Administración ni los jueces se sienten cómodos bajo el primado de principios tan romos como ese del que ya hemos hablado de la seguridad jurídica; parece que piensen que la sencillez socava su autoridad. Y para preservar esta autoridad aun a costa de aquella seguridad, ocultan la armonía clásica del ordenamiento jurídico bajo un lenguaje artificioso, unas veces de sombrías formas góticas, otras recargado de barrocos oropeles.

El efecto de esta ocultación puede ser liviano o grave. Es grave cuando usa un lenguaje críptico hecho de cultismos y pensado para el ocultismo, para que sólo los iniciados puedan desentrañar sus arcanos. En cambio, es liviano y hasta jocoso cuando abusa de un efectismo tecnocrático que busca un prestigio inmerecido y encuentra más bien el ridículo.

Un ejemplo de esto último lo encontramos en el Decreto 89/2014, de 27 de mayo, de la Junta de Extremadura, que tiene por objeto crear el distintivo "Municipio Emprendedor Extremeño" y regular su concesión y uso. El distintivo —que otorga la Consejería competente por razón de la materia previa instrucción del procedimiento establecido al efecto— admite tres categorías, siendo la más elevada la del nivel EEE, esto es, Emprendedor Experto Excelente, así que los municipios que obtengan una resolución favorable dentro de esta categoría pasarán a atribuirse el renombrado honor de ser Municipio Emprendedor Experto Excelente Extremeño (¡MEEEE!).

Y como el punto de partida para tan notable regulación ha de ser el concepto de emprendedor o —mucho mejor desde la perspectiva de género— de persona emprendedora, el Decreto acomete su definición en su artículo 2, cuya letra a) reza así: "*Persona emprendedora: Persona que emprende y se determina a hacer y ejecutar, con resolución o empeño, algún proyecto considerable, arduo y de envergadura que requiera esfuerzo y dedicación*". El precepto obvia que la definición nunca debe contener el término definido; que una vez una persona emprende, poco añade que se determine a hacerlo; y que hacer y ejecutar son sinónimos, como lo son resolución y empeño, o considerable y de envergadura. Así que más que una definición, estamos ante un pleonasmo muy concienzudo.

Las normas y los actos administrativos deberían perseguir la precisión y la claridad, que son las cualidades expresivas de la seguridad jurídica. En cambio, cuando se dejan arrastrar por la corrección política producen resultados chocantes como este decreto extremeño, o como aquel contrato murciano anunciado en el BOE del 16 de enero de 2018 que llevó por título "*Realización del programa de desratización y desinsectación del Municipio de Murcia, con perspectiva de género*". Confiemos en que el objeto del contrato quedara aclarado en los pliegos, porque el anuncio llamaba al equívoco.

Veamos también el título inextricable con el que el BOE encabezó la publicación oficial de esta resolución. El afán por ser innecesariamente exhaustivo lo arrastra a un bucle lastimoso. Cojan aire:

> *"Resolución de 13 de mayo de 2021, de la Secretaría General de Función Pública, por la que se publica el Acuerdo de la Mesa General de Negociación de 31 de marzo de 2021, por el que se crea la Mesa Delegada de la Mesa General de Negociación de la Administración General del Estado del personal de la Administración de Justicia no transferido, que modifica la Resolución de 22 de enero de 2021, de la Secretaría General de Función Pública, por la que se aprueba y publica el Acuerdo de las Mesas Generales de Negociación de la Administración General del Estado de 16 de diciembre de 2020, por el que se modifica el Acuerdo de 30 de mayo de 2017, sobre asignación de recursos y racionalización de estructuras de negociación y participación."*[14]

Pero si queremos ilustrar la capacidad del lenguaje administrativo para hacer parecer complicado lo que es sencillo, observémoslo cuando se expresa bajo algún agobio. Los resultados son extraordinarios. Para ello nos pueden servir dos recursos: uno es consultar algún texto administrativo escrito en un medio que lo constriñe a economías expresivas que le son extrañas y violentas, como es el telégrafo; el otro, leer a la Administración cuando escribe sobre cosas que la incomodan.

Lo primero lo constaté consultando el expediente administrativo en el que se trataba de la restitución a España de la Dama de Elche, el

---

14 BOE del 14 de mayo de 2021 (núm. 115, sec. I, pág. 57307).

Tesoro visigótico de Guarrazar y otros bienes culturales. Entre otros muchos documentos, obra en el expediente que custodia el Archivo General de la Administración un oficio en el que se reproduce literalmente el telegrama remitido el 18 de junio de 1940 por el Alcalde de Alicante al Sr. Ministro de la Gobernación, ya fuera para impulsar las gestiones en marcha ya para hacer méritos. Tratándose de un telegrama, el Sr. Alcalde tuvo que prescindir de muchas preposiciones y determinantes, pero se negó rotundamente a omitir ni un solo epíteto ni las habituales fórmulas de cortesía cortesana. Este fue el resultado:

> *"Históricas transcendentales circunstancias presentes permitirían gestionar eficacia recuperación famoso busto ibérico Dama Elche vendióse a Francia figurando ahora Museo Louvre. Alicante desposeido tan rico tesoro artístico por mezquinas codicias vituperables hónrase solicitando Gobierno español recabe interés sea reintegrado Patria previo abono modesta cantidad importó su adquisición esa grandiosa obra, única en el mundo, para incorporarla Museo Nacional. Con toda suerte encarecimientos ruego V.E. sea intérprete justo valedor entusiasta deseos transmítole respetuosamente."*

El Sr. Ministro de la Gobernación ordenó a su Subsecretario que trasladara dicho mensaje al Sr. Ministro de Educación Nacional por tratarse de asunto de su competencia, "a los efectos que estime oportunos". Ignoro qué efectos extraería de él el segundo ministro, pero lo cierto es que la obra escultórica se recuperó finalmente y que por su virtud conservamos también esta pieza literaria, no menos singular.

El segundo método de aproximación de que nos podemos valer, como decía, es escrutar el lenguaje de la Administración cuando habla de cosas que la incomodan. Los mejores ejemplos los podemos encontrar en la escatología administrativa, un sector del ordenamiento que apenas ha recibido atención de la doctrina científica especializada. Y sin embargo, el Derecho escatológico nos regala algunos pasajes antológicos y —lo que es más importante— nos sirve muy bien como sector de referencia para el objeto de este estudio. Y no es por azar, sino porque "*la defecación* [es un] *campo de tensiones polares entre naturaleza y cultura, privado y público, singular y común*"[15]. Entre *eros* y *tánatos* podríamos añadir, ya puestos. En este *darse al mundo* que es defecar pone también su ojo el Derecho administrativo.

El lenguaje excremental de la Administración es particularmente cursi y alambicado, lo que demuestra la prevención con la que persona tan sensible afronta objeto tan soez. Esta sucia tarea le ha tocado a los Ayuntamientos, que son la Administración más próxima a los ciudadanos y, por eso mismo, la competente para vérselas con sus pequeños vicios cotidianos. Entre las competencias reservadas a los municipios en el artículo 25.2 de nuestra Ley reguladora de las Bases del Régimen Local, se encuentran algunas tan ingratas como la gestión de los residuos sólidos urbanos o la evacuación y tratamiento de aguas residuales y otras aun peores como los cementerios y actividades funerarias. Así que los Ayuntamientos son la Administración costumbrista por antonomasia y a ellos es a quienes corresponde *comerse este marrón.*

Ante la difícil tesitura de elegir entre escatología y necrofilia, me he inclinado aquí por estudiar el régimen jurídico-público de los excrementos, pero no es porque la policía funeraria y la sanidad mortuoria no merezcan también nuestra atención. A quienes quieran explorar este otro solitario camino basta recomendarles, para no distraernos demasiado, dos hitos que le permiten recorrerlo de sur a norte de España.

En primer lugar, el Reglamento de Régimen Interior del Cementerio Municipal de Carboneras (Almería)[16] que consagra como principio orientador del servicio "*intentar paliar el sufrimiento de los familiares y allegados de los sufrientes vinculados a la prestación del servicio*". Loable fin sin duda alguna. Ahora bien, ¿quiénes son tales *sufrientes*, si no los familiares y allegados de los finados?: ¿los propios muertos?: ¿es que la fatalidad no los ha liberado ya de todo sufrimiento y todo vínculo terrenal? Por desgracia, el artículo dedicado a las denominaciones por el Reglamento carbonero no nos lo aclara. Y eso que llega a diferenciar finamente entre los conceptos de "*cadáver*", "*restos*

---

15 Eso dice al menos Giorgio Agamben en *Profanaciones*, Anagrama, 2005.

16 Boletín Oficial de la Provincia de Almería nº 115, de 18 de junio de 2014.

cadavéricos" y "*restos humanos*" e incluso se detiene innecesariamente en definir la "*putrefacción*". En el otro extremo, el Reglamento del Régimen y Funcionamiento del Cementerio Municipal de Ikaztegieta (Guipúzcoa)[17] destaca por la delicadeza con la que trata asuntos tales como "*el depósito y reducción de cadáveres*" o su "*conducción*"; por la proclamación que hace de la condición igualadora de la fatalidad, cuando dispone que el cementerio municipal está "*al servicio de todos los miembros de la comunidad local*" sin excepción; o por el cuidado que pone en garantizar la continuidad del servicio público, cuando manda al personal "*tener dispuestas las sepulturas de cualquier tipo que se precisen, no dando lugar nunca a interrupciones en la marcha de las inhumaciones por esta causa*". Que la muerte nos espera y no espera.

Una vez apuntada la rica temática mortuoria, vayamos ya con las heces, como habíamos prometido. Por su misma inercia, los excrementos son menos trascendentes pero más pacientes que la muerte. Suelen restar allí donde han sido depuestos salvo que alguien se ocupe de su tránsito ulterior. Y eso, en las ciudades, es también una cuestión de salud pública que toca a los municipios cuidar. Cosa que muchos han hecho con un celo encomiable. Véase si no el caso del Ayuntamiento de San Javier (Murcia), que instaló en 2013 a lo largo del paseo marítimo de Santiago de la Ribera unos paneles de metal tan lustrosos como elegantes con esta inscripción: "*Prohibida la no retirada de excretas en la vía pública. Multa hasta 300 €*".

La lectura del anuncio invita primero a la perplejidad y después a la inquietud, por varias razones poderosas: Porque prohibir una omisión es una forma innecesariamente tortuosa de obligar a una acción. Porque sustantivar el verbo es un artificio innecesario para aparentar gravedad burocrática. Porque "excretas" es una palabra muy fina —no digo yo que no— pero es un adjetivo, de manera que no está muy claro el objeto de la prohibición. Y porque son asimismo inciertos tanto su destinatario como su alcance: ¿estoy obligado a retirar todas las excreciones que encuentre en la vía pública, aunque no asistiera a su deposición ni tenga ninguna relación con el excretor? y, si el excremento no se encuentra en la vía, sino en una plaza, un parque u otro espacio público, ¿decae la obligación de retirarlo?

---

17 Boletín Oficial de Gipuzkoa nº 136, de 17 de julio de 2012.

En el anuncio, la prohibición viene acompañada de una expresión gráfica, pero por desgracia apenas deshace estos entuertos interpretativos e incluso podría sugerirnos otros, ya que la imagen representa a una hez bajo un can situado de perfil y en cuclillas dentro del típico símbolo circular tachado de prohibición: _. Al menos, les aporta un dato tranquilizador a los veraneantes: según parece, se trata sólo de defecaciones de animales. Los vecinos no se lo hacen por la calle.

Como todo hay que explicarlo, eso tampoco significa que a los humanos nos esté permitido defecar en la vía pública. La Ordenanza de Limpieza de los Espacios Públicos y Gestión de Residuos de Madrid de 2009[18] intentó dejarlo bien a las claras cuando declaró expresamente prohibida la siguiente conducta en la letra h) de su artículo 14: "*Escupir o satisfacer las necesidades fisiológicas en la vía pública o en cualquier otro espacio que no sea el destinado expresamente a tal fin.*" Sin embargo, esta combinación de paráfrasis y rigor nos vuelve a hundir en la desazón, porque comer y beber, por ejemplo, son necesidades fisiológicas que tienen espacios "expresamente" destinados, pese a lo cual a veces las satisfacemos despreocupados en la vía o la plaza pública, creyendo que estamos en uso de nuestra libertad.

Pero es que además hay otras necesidades fisiológicas como respirar, sudar, toser, estornudar o rascarnos el cuero cabelludo —u otros cueros— cuando nos pica, que nos cuesta reprimir y no me consta que Madrid se haya dotado de espacios destinados "expresamente" a tales fines. ¿Qué hacemos entonces?, ¿nos esforzamos por reprimir el aliento, el sudor, la tos y el picor cuando estemos en la calle? La urbanidad puede aconsejarlo, pero el Derecho no lo exige. Debemos más bien atemperar los insufribles rigores a que conduciría la interpretación literal de la norma, mediante una interpretación finalista y mesurada que nos permita concluir que lo único prohibido por ella es defecar y orinar, además de escupir, aunque un pudor muy inconveniente la hayan llevado a equivocar su expresión.

Como rectificar es de sabios, la letra k) del artículo 9 de la nueva Ordenanza de Madrid de 2022 ha afinado su texto, que ha quedado

---

18 Boletín Oficial del Ayuntamiento de Madrid nº 5904, de 24 de marzo de 2009.

en: "*Escupir o satisfacer las necesidades fisiológicas ensuciando el espacio público*"[19]. Vale: sólo ofende la satisfacción que ensucia.

El recurso al Derecho local comparado también nos puede ayudar a confirmar la interpretación que hemos elegido, ya que la Ordenanza de Convivencia Ciudadana del Ayuntamiento de Rágol (de vuelta a Almería)[20] tiene una prohibición análoga, para la que emplea la expresión "*evacuar necesidades fisiológicas en la vía pública*", también muy elegante. La selección que hace este Ayuntamiento almeriense del verbo "evacuar" en vez de "satisfacer" tiene ventajas, pero también inconvenientes. Entre las ventajas está la precisión que nos aclara que no se prohíben cualesquiera necesidades fisiológicas, sino sólo las que se "evacúan" sobre el espacio público. Es decir, escupir, defecar u orinar. *Quod demostrandum erat.* Pero entre los inconvenientes está el de perder el matiz alusivo a la "satisfacción" —ese alivio placentero— que suele producirnos el acto mismo de evacuar cuando andamos urgidos de hacerlo.

Una vez aclarado este punto, podemos volver a las excreciones animales. En esta materia, si alguna ordenanza se lleva la palma en el intento de redimirse de la banalidad mediante la sublimación, ésa es la Ordenanza para la Inserción de Animales de Compañía en la Sociedad Urbana aprobada por el Pleno del Ayuntamiento de Palma de Mallorca en su sesión de 25 de marzo de 2004 (en adelante, me referiré a ella como la OIACSU, sonoro acrónimo que parece evocar una ancestral tradición japonesa). Sin duda alguna, mi favorita.

Según parece, en Palma los animales de compañía[21] tenían problemas de inserción social y su Ayuntamiento se decidió a "*contemplar,*

---

19 Ordenanza 12/2022, de 20 de diciembre, de Limpieza de los Espacios Públicos, Gestión de Residuos y Economía Circular. Boletín Oficial de la Comunidad de Madrid nº 312, de 31 de diciembre de 2022.

20 Boletín Oficial de la Provincia de Almería nº 93, de 19 de mayo de 2014.

21 El concepto viene definido en el artículo 2 de la Ordenanza: "*Se consideran animales de compañía a los efectos de la presente Ordenanza, los domésticos que convivan o estén destinados a convivir con el hombre a título no lucrativo*". Así que no basta con que acompañen, sino que deben convivir con el hombre (o estar destinados a ello) y hacerlo, además, a título gratuito, pues anda por ahí mucho perro interesado que no merece la inserción social que ofrece esta Ordenanza.

con espíritu crítico, la amplia problemática que plantea esta realidad para imbricarla en la dinámica de una serie de regulaciones capaces de conseguir la inserción armónica de estos animales en el seno de una sociedad culta y desarrollada", según nos cuenta la exposición de motivos[22]. Y como es notorio que la sociedad rural anda mucho mejor en esto de la inserción animal, la OIACSU se centra en la sociedad urbana: "*ha sido la tensión vital a que obliga la insaciable sociedad de consumo lo que ha hecho de estos animales, para el hombre que habita la desolada aridez del asfalto, el único recuerdo válido de una naturaleza perdida, la sola migaja de ternura que descubrirá al topar su mirada con los ojos sugerentes del animal al devolverle agradecido el regalo de una caricia.*" Después de leer esta Ordenanza, ¿alguien puede dudar todavía del lirismo del Derecho administrativo?

Enjuguemos las lágrimas. La sensibilidad no es debilidad, sino noble fortaleza, así que la exposición de motivos de la OIACSU se sobrepone a su arrebato y repone de inmediato su sofisticado tono técnico: "*Esta ordenación, en consecuencia pretende configurar una serie de normativas gracias a las cuales canalizar estos aspectos positivos de su enraizamiento social y responder, al mismo tiempo, a los efectos laterales que puede conllevar la desafiante y compleja realidad de su existencia, mediante la vertebración de una amplia teoría de medidas, restrictivas las unas, aleccionadoras las demás, que incidan en la eliminación de los riesgos apuntados para reforzar, desde la operatividad de estos controles, los efectos beneficiosos que aportan a la sociedad.*" Sin olvidar, claro está, la parte principal que toca a las cacas en esta amplia problemática: "*Imprimiéndoles el relieve que merecen, se tienen presente las regulaciones encaminadas a soslayar el ensuciamiento de los espacios públicos ocasionados por las deyecciones de estos animales.*"

El lenguaje judicial también puede ser tan sofisticado como el administrativo. No conozco jurisprudencia sobre deyecciones, así que tendrá que valernos el ejemplo de aquel voto particular a un auto resolutorio de un incidente cautelar, en el que argumentaba el magistrado discrepante que la medida cautelarísima previamente adoptada —y de cuyo mantenimiento o levantamiento se trataba— era "excepcional y limitada, con concurrencia de un concepto jurídico

22 Quien no me crea, puede consultar el texto completo de la Ordenanza en el Boletín Oficial de las Illes Balears núm. 56, de 24 de abril de 2004.

indeterminado, *inserto en una ostensibilidad apriórica de un «periculum in mora»*". Ahí queda eso. Incluso el lector más avisado necesita tomarse una pausa para reflexionar sobre la "ostensibilidad apriórica" en que se hallaba inserto el concepto en cuestión y, sin embargo, el texto que cito se la escamotea durante dos páginas más, dos largas páginas cuajadas de otras locuciones que no le van a la zaga en artificiosidad sintáctica ni en densidad semántica, hasta que por fin le concede un merecido punto y aparte.

¿Cómo no habremos de envidiar los administrativistas a los civilistas, que pueden concentrar buena parte de su vida profesional en la deliciosa relectura de los preceptos imperecederos del Código civil? Agua clara en un vaso de cristal. El mismísimo Stendhal[23] proclamó: "*Mi idea de estilo es el Código civil*" y se dice que, para coger tono, antes de escribir siempre leía algunos de sus preceptos[24]. Qué distinta habría sido su literatura si se hubiera inspirado, por algún inexplicable retorcimiento del espíritu y del tiempo, en el estilo de la *Ordenanza para la inserción de animales de compañía en la sociedad urbana* de Palma.

El Derecho es un lenguaje. El ordenamiento jurídico debería ser una antología de la mejor literatura escrita en él. Letrado y literato son una misma palabra: *litteratus*. Los dos cultivan las letras y por eso, según la Real Academia Española, un letrado es tanto "abogado, titulado en Derecho" como también "sabio, docto o instruido". Cuándo hemos perdido esta comunión es algo que no sé, pero sí me consta que ya apenas se hacen códigos y —lo que es peor— que los redacto-

---

23 El arte de Stendhal ("preciso, inalterable, terso": Pere Gimferrer, *Noche en el Ritz*) suele ser puesto como paradigma de estilo natural y conciso en la escritura. "La naturalidad en la escritura moderna es probablemente una invención de Stendhal. (...) es el escritor que escribe como habla y como respira" (Antonio Muñoz Molina, "El vicio Stendhal", *El País*, 14 de julio de 2012). "Es el mejor narrador que existe, el archinarrador ante el Altísimo" (Ortega y Gasset, *Amor en Stendhal*).

24 Stendhal (1783-1842) debió utilizar el Código civil francés o *Código de Napoleón*, de 1804, que sirvió de modelo al nuestro de 1889 y a tantos otros por el mundo. Según parece, el propio Napoleón se enorgulleció de *su* código al final de su vida con estas palabras: "*Mi verdadera gloria no es haber ganado cuarenta batallas; Waterloo eclipsará el recuerdo de tantas victorias; lo que nada eclipsará, lo que vivirá eternamente, es mi Código civil*".

res de las leyes y los reglamentos de nuestros días no se sientan a leer ningún pasaje de *El rojo y el negro* antes de echarse a escribir.

Claro está que los fracasos expresivos del lenguaje administrativo no siempre se deben a la voluntad de ocultación ni a la impericia en su manejo. Otras veces, son el resultado inexorable de su empeño por ordenar con palabras lo que no se debe o no se deja. Es el caso de la Orden de 9 de febrero de 1963 aprobatoria de las Normas de Censura Cinematográfica, que apercibía de que "*el mal se puede presentar como simple hecho o como elemento del conflicto dramático, pero nunca como justificable o apetecible, ni de manera que suscite simpatía o despierte deseo de imitación*", para lo que se afanó en prohibir "*aquellas imágenes y escenas que puedan provocar bajas pasiones en el espectador normal y las alusiones hechas de tal manera que resulten más sugerentes que la presentación del hecho mismo*".

El ocultismo de esta Orden no residía en su lenguaje, sino en su intención. Y como por entonces todavía no había penetrado en España la moda europea de encabezar las disposiciones generales con un catálogo de definiciones, nos privó del placer de leer qué debíamos entender a sus efectos por "el mal", las "bajas pasiones" y "el espectador normal", conceptos todos ellos ciertamente indeterminados y que, al contrario del que nos ha ocupado unos párrafos más atrás, no están insertos en ninguna "ostensibilidad apriórica". Quizás por ello fracasó la Orden. O quizás por no dedicar una disposición adicional a prescribir qué pasiones cabía provocar no ya en el espectador normal, sino en el anormal, con el que muchos nos identificaríamos más. Comoquiera que fuese, el fracaso de la Orden de Censura de 1963 fue el éxito del mejor cine español de su época, que se creció en el juego de sortear normas tan extravagantes.

El caso es que, ya sea por emulación, por inercia o por presunción, también los ciudadanos nos hemos acostumbrado a mullir con mucha paja nuestras comunicaciones con la Administración. Como en la primera estrofa del poema *Instancia*, que dice así:

> *"ETCETERÍSIMO Señor:*
> *Yo, Gabriel Celaya, aspirante a poeta,*
> *que pase lo que pase siempre estoy donde estoy,*
> *visto su tal y cual del tantos y adelante,*
> *le digo a usted que no."*

Así es como unos y otros mal llevamos nuestras inseguridades, que son algunas esdrújulas, otras agudas o más bien llanas: entre gerundios y epítetos, circunloquios y paráfrasis, otrosíes y suplicos.

Y como el español es una lengua rica, pero clara y precisa, procuramos recurrir a otras más remotas. En la voz *Leyes* de su *Diccionario filosófico,* cuenta Voltaire que "*los descendientes de los sicambros, de los burguiñones, de los ostrogodos, de los visigodos y de los lombardos, conocieron que tenían necesidad de tener algo que se pareciera a leyes; y fueron a buscarlas donde las había. Los obispos de Roma sabían escribirlas en latín; y los bárbaros las aceptaron con muchísimo respeto porque no las entendían*". Schopenhauer también reparó en el poder esotérico de las lenguas muertas y su capacidad para sojuzgar a los espíritus poco cultivados: "*Los ignorantes tienen un respeto muy particular por los floreos retóricos griegos y latinos*". Y le encontró una aplicación práctica, como es que pueden ser utilizados para persuadir o disuadir engañando, incluso a la Administración pública:

> *"Se puede también, en caso necesario, no solo deformar el sentido de estas autoridades, sino directamente falsificarlas e incluso citar algunas que son pura invención. Ordinariamente, el adversario no tiene el libro a mano o no sabe tampoco consultarlo. El más bello ejemplo de esto nos lo da el cura francés que, para no pavimentar la calle delante de la casa, se apoyó en una sentencia de la Biblia:* paveant illi, ego non pavebo *(sientan pavor ellos, yo no sentiré pavor). Esto convenció a los delegados del municipio."*[25]

Desde entonces, siempre que la ocasión lo permita invocamos en nuestro favor el prestigio de la lengua de los muertos a ver si, por su gracia, logramos ganarnos el respeto de los bárbaros. Valen locuciones como *favor libertatis, in dubio pro reo, pro cive, status activae civitatis, periculum in mora, reformatio in peius, non bis in idem, obiter dicta, inaudita parte, ultra petita partium, causa petendi, non liquet, iura novit curia, exceptio non adimpleti contractus, factum principis, venire contra factum propium non valet, nemo auditur propriam turpitudinem allegans, rebus sic stantibus, restitutio in integrum, ex tunc, ex nunc, erga omnes, inter partes, secundum legem, praeter legem, contra legem, lex specialis, lex generalis, lex*

---

25 Arthur Schopenhauer, *El arte de tener razón expuesta en 38 estratagemas. Dialéctica erística,* EDAF, 2011.

posterior derogat priori, ex lege, ratio legis, ratio decidendi, ad solemnitatem, ad validitatem, in procedendo, in iudicando, iudicare atque administrare res dissimiles sunt, iuris tantum, iuris et de iure, ius puniendi, ius variandi, ius cogens, et cetĕra. Lo comprobaremos más abajo con algunos ejemplos. Así que *vid. infra.*

Pero como tampoco renunciamos a ser modernos y cosmopolitas, además aderezamos nuestros escritos con algunos barbarismos exóticos del tipo de *Bundestreue, Sozialstaat* y *Daseinsvorsorge* o de *regulation, accountability* y *due process of law,* que hacen un sabroso maridaje con los latinajos citados. Y los sazonamos con acrónimos al gusto, preferiblemente de los impronunciables por escasez de vocales (LBRL, LRJSP, LCSP). A la postre, el caso es expresarnos con un código que sea accesible a unos pocos y subyugante para todos los demás.

4. La erótica del poder

Por grande que sea el esfuerzo de ocultación, resulta que el Derecho administrativo es un campo trufado, aquí y allá, por alusiones eróticas sutilmente perfumadas que embriagan el olfato entrenado de algunos marranos. No en vano los balleneros perseguían al leviatán porque su aceite era muy apreciado como lubricante.

Para empezar, ya hemos advertido al principio que aquí tratamos sobre el orden jurídico del poder ejecutivo del Estado y que ejecutar es poner en acto. O hacer el acto. Así que toda la tradición de nuestro Derecho administrativo gira en torno a la lúbrica teoría del acto.

Los estudiosos más modernos se han internado también por la libidinosa teoría del órgano, que sostiene que el tamaño no importa, sino que lo importante es la función. De ahí que el art. 5.1 LRJSP defina como órganos a "*las unidades administrativas a las que se les atribuyan funciones que tengan efectos jurídicos frente a terceros, o cuya actuación tenga carácter preceptivo*". Sólo que pronto comprobaremos que lo que realmente nos obsesiona no es tanto la función del órgano, como sus vicios y disfunciones a la hora de acometer el acto. ¿Qué decir de los órganos colegiados? Con ellos se desvela bien a las claras la lujuria insana del legislador, pues prohíbe conformarlos como parejas —como mandarían las buenas costumbres— y en su lugar exige que se formen al menos tríos (art. 20.1 LRJSP), por lo que abundan los que son pródigos en miembros, de cuyo ayuntamiento cualquier cosa cabe esperar y no siempre buena. Y que seleccionemos y agrupemos a los funcionarios por sus cuerpos (art. 65 TREBEP) también es impúdico. Debería darnos vergüenza que, mientras nos llenamos la boca con el espíritu de las leyes, desviemos una y otra vez nuestra voluptuosa mirada hacia los cuerpos de los funcionarios.

Volviendo al acto administrativo, éste puede tener muy distintos carices: puede ser de trámite o resolutorio y puede ser de decisión, de conocimiento, de juicio o de deseo. Estos últimos pueden parecernos los más apetecibles, pero no son los más comunes: por desgracia, en la Administración menudean mucho más los actos de mero trámite, despachados para salvar el expediente sin poner la pasión necesaria.

Más que la naturaleza del acto, lo que interesa al morboso Derecho administrativo son sus vicios, que son muchos y variados. Y no todos le merecen la misma censura. Así, por ejemplo, entre los más graves se cuenta intentar actos que tengan un contenido imposible (art. 47.1 LPAC). Sin embargo, la desviación del poder se tiene por un vicio menor (art. 48.1), de modo que nuestra ley es tolerante con el desviado y le permite enderezarse (art. 52).

Como el Estado es un sujeto civilizado, para hacer el acto exige guardar ciertas formas y seguir un esmerado procedimiento previo (art. 34.1), sin olvidar los preliminares (art. 55) que tan importantes sabemos que pueden ser para las relaciones placenteras. Y como también es cosmopolita, da libertad para usar en ellos la lengua a discreción de los interesados (arts. 13 y 15). Siempre que sea oficial, claro está: quiere decirse que el francés no está tolerado. Una cosa es la libertad y otra el libertinaje, de suerte que, en general, el procedimiento administrativo es reacio a las prácticas orales (art. 36).

Como medida profiláctica, la ley prohíbe hacerlo con amigos y familiares (art. 23 LRJSP). Hechas estas salvedades y como la Administración es persona pública, debe impulsar el procedimiento con ardor y con celeridad aunque no sea ella quien lo haya iniciado (art. 71 LPAC), debe escuchar a todos los interesados mientras progresa, sobre todo cuando sienta acercarse el clímax (art. 82), debe además procurar hacerles sentirse cómodos (art. 75.3) y debe incluso resolverlo con todos ellos, aunque no todos queden satisfechos (art. 21). Pero por más que la ley apremie a la *Vieja Dama* a hacerlo con celeridad y simplicidad maquinales —que son muchos los que esperan su turno— ella suele moverse sinuosa y enredosa como una serpiente.

Aunque mayormente la Administración se pone al acto de forma gratuita, otras veces exige pagar una tasa a quienes quieran ayuntarse con ella. Téngase en cuenta que, cuando se paga, es por el servicio, no por su resultado, así que la tasa no será devuelta aunque no se consume o aunque no satisfaga, pues hay gente que nunca queda a gusto. Para la consumación del acto, es aconsejable que sea resolutivo, definitivo y firme. No se podrá cuestionar si ha sido consentido (art. 28 LJCA). Y en caso de que haya sido fecundo, sólo podrá impugnarlo el interesado pero no la Administración (art. 20 LJCA), porque la paternidad es putativa mientras que la maternidad es cierta e indiscutible.

Cuando el acto no se prevea placentero sino más bien doloroso, porque se proyecte imponer una sanción al ciudadano, y la Administración crea que se le puede infligir todavía un daño mayor, debe entonces suspender sus actuaciones y excitar al Ministerio fiscal, que es un personaje desabrido, ajeno a la relación y vestido de riguroso negro que, cuando irrumpe en la escena, corta el aliento de los presentes. Pero eso ya pertenece a otra disciplina.

¿Hay algo más erógeno que la Administración? Tiene un semblante (o dos o más) con el que se muestra o con el que se oculta, pero no tiene cara. Se ofrece al otro, pero nunca se da por entero. Puede ser gozada, pero no puede ser consumida. Con muchos se ha entendido y algunos la han poseído por algún tiempo, pero nadie la ha hecho suya, ninguno le ha arrancado un compromiso duradero, a nadie ha sucumbido porque su ser y su razón no son susceptibles de transacción (art. 86 LPAC). Y eso le confiere el aire abstraído e inaccesible en el que descansa su seducción.

Sí, la *Vieja Dama* conserva ese misterioso atractivo con el que se nos ofrece veladamente, dejándonos entrever los pliegues de su poder. De ahí que la Ley 19/2013, de 9 de diciembre, de Transparencia y otras cosas haya dejado, paradójicamente, en la penumbra a buena parte de la Administración, lo que ha decepcionado a los pornógrafos pero electriza a los erotómanos. Y es que da igual que hablemos de administrar o del vestir: debemos saber que la transparencia no es desnudez, sino una prenda. La llamamos transparencia pero es traslúcida. Y cumple una función mitificadora, porque no está pensada para exhibir, sino más bien para velar y sugerir lo que nos oculta y queremos creer: que tras ella se esconde una realidad profunda y tortuosa cuya abierta contemplación nos sumiría en el arrebato.

Pongamos, pues, sumo cuidado en no confundir erotismo con pornografía. La incitación del primero es incompatible con la procacidad de la segunda, como pudo comprobar en sus propias carnes un policía nacional que se anunciaba en las redes sociales como actor porno y hubo de ser suspendido durante 6 meses en sus funciones (las de policía, supongo, no las otras). La justicia confirmó la sanción disciplinaria por considerar que "*la difusión pública de actividad sexual, autocalificada como pornográfica, llevada a cabo por un miembro en activo de la Policía Nacional, conduce al desprestigio de esta, y al deterioro de la imagen de profesionalidad y seriedad de esta Institución, pues no parece preciso razonar que, en la realidad social que vivimos, la actividad de actor pornográfico no lleva asociadas las ideas de profesionalidad, seriedad, prestigio o autoridad.*"[26] Seamos serios, por favor.

La sensualidad del Derecho administrativo es bizarra pero decorosa y es por eso que repudia la pornografía y odia la desnudez. Hace unos años, un ciudadano se empeñó en deambular desnudo por las calles. La Delegación del Gobierno le sancionó por entender que era un acto de "exhibicionismo obsceno" prohibido y tipificado por el artículo 37.5 de la Ley Orgánica 4/2015, de 30 de marzo, de Protección de la Seguridad Ciudadana. Pero él recurrió hasta llegar a los tribunales. Y hete aquí que esta vez estimaron su recurso, porque su comportamiento no se puede calificar como exhibicionismo obsceno "*a falta de una normativa específica del municipio donde han ocurrido los hechos que regule o impida la desnudez del cuerpo humano*"[27].

Dos lecciones debemos extraer de esta historia real. La primera es que, aunque el Derecho administrativo odie la desnudez, *el emperador está desnudo.* Al menos así debe aparecer ante la mirada de los jueces, tan atenta e inocente como la de un niño. La Administración sólo puede revestirse con la potestades que tenga legalmente atribuidas. Y la sancionadora, en particular, está regida por el principio de tipicidad recogido en el artículo 25.1 de la Constitución. En la tipicidad (que no en el tipismo) está la clave: Parece que en el pueblo en cuestión pasear desnudo por las calles era algo atípico, pero que hay otros en los que es una conducta típica[28]. La segunda lección

---

26 STSJ de la Comunidad de Madrid, Sala de lo Contencioso-Administrativo, nº 997/2022, de 28 de noviembre.

27 STSJ de la Comunidad Valenciana, Sala de lo Contencioso-Administrativo, nº 13/2023, de 19 de enero.

28 Allí donde los municipios han dictado ordenanzas prohibitivas de la pública desnudez, la jurisprudencia sí ha dado cobertura para sancionar su

es que *hay poderes y poderes.* Porque cuando el sujeto en cuestión se presentó desnudo a la vista del juicio reivindicando que el nudismo es "una práctica legal" y defendiendo su derecho a ejercerla, no le quedó otra que vestirse por indicación policial para poder acceder a las dependencias judiciales. [29] Pues que lo que puede estar bien en la calle a la vista de todos, no vale en sede jurisdiccional a ojos de sus Señorías. Tonterías, las justas.

El lector que haya comprendido los párrafos que preceden domina el truculento arte de la vida. Y lo que es más, está preparado para ser funcionario público de un cuerpo superior.

---

incumplimiento. Véanse, por ejemplo, las SSTS nº 1494/2015, de 30 de marzo, nº 1013/2016, de 9 de mayo, y nº 1052/2016, de 11 de mayo.

29 https://www.20minutos.es/noticia/5097766/0/el-tsj-de-valencia-confirma-la-anulacion-de-las-multas-a-un-joven-por-ir-desnudo-por-la-calle/ (consultado el 19 de febrero de 2025)

5. *La paz del hogar*

Las fuerzas del orden público pueden detener a las personas e incluso golpearlas con fiereza si existe causa justificada y proporcionalidad. Pero no pueden invadir su domicilio sin autorización judicial, ni tolerar siquiera que lo hagan las ondas acústicas por encima del volumen permitido[30]. Tal es el aprecio que nuestro ordenamiento tiene por la inviolabilidad del domicilio, a la que los legos en Derecho denominan *la paz del hogar.*

Sin embargo, subsiste el *sinhogarismo* y abundan las dificultades para disfrutar de una vivienda digna y adecuada. ¿Cómo es posible? La inviolabilidad del domicilio está proclamada en el artículo 18 de la Constitución española y el derecho a la vivienda en su artículo 47. Es cierto que la primera es un derecho fundamental, mientras que el segundo es un principio rector de la política social y económica. Pero esa diferencia nos habla de sus garantías, no de su protección: tan inconstitucional es violar la una como el otro. Y aunque el concepto de domicilio sea más amplio que el de vivienda (STC 94/1999, de 31 de mayo, FJ 5°), está claro que una vivienda digna y adecuada es una forma idónea —la culturalmente más asentada— de gozar de la privacidad del domicilio, "ese ámbito espacial reservado" (STC 22/2003, de 10 de febrero, FJ 4°) que "no es sólo un espacio físico, en sí mismo considerado, sino lo que hay en él de emanación de una persona y de su esfera privada" (por todas, STC 22/1984, de 17 de febrero, F.J. 5°).

Por desgracia, las emanaciones de algunas personas se pierden en la atmósfera por falta de un techo y las de otras muchas más se confunden insanamente entre sí bajo un techo compartido, en cubículos

---

30 Primero el Tribunal Europeo de Derechos Humanos, en su sentencia López Ostra, y luego nuestro Tribunal Constitucional a partir de la Sentencia 119/2001, de 24 de mayo, han afirmado que el ruido no sólo es un daño ambiental, sino que también puede afectar a la efectividad de la integridad física y moral y de la intimidad personal y familiar, cuando penetra en el domicilio, de forma que las personas a él expuestas pueden beneficiarse de la protección reforzada de estos derechos fundamentales.

mal ventilados y entre paredes mal aisladas. Y qué decir de las esferas privadas cuyo diámetro tiene que reducirse a dos o tres metros para poderse circunscribir al estrecho espacio que las guarda entre muros.

Entonces, si nuestro Derecho santifica el domicilio, ¿por qué descuida la vivienda? El primero es objeto de un típico derecho de libertad, que demanda la abstención del poder público, mientras que la segunda es objeto de un derecho de prestación, que requiere la actuación del poder público. La abstención cuesta menos trabajo y dinero que la actuación. Eso es un hecho. Y nuestras instituciones jurídicas todavía siguen estando mejor concebidas para ponerle límites a la Administración que para organizar eficazmente su acción. Eso ya es un problema de Derecho.

El domicilio es un concepto espiritual al que la vivienda le da cuerpo. Por eso, la vivienda digna y adecuada es una proyección de la dignidad de la persona. Forma parte del derecho a un nivel de vida adecuado, junto al vestido y la alimentación. Este derecho fue proclamado en el artículo 25 de la Declaración Universal de los Derechos Humanos de 1948 y ratificado dos años después en el poema *La casa* de Gabriela Mistral, que termina así:

> *"el fuego ardiendo marque la puerta,*
> *que el indio quechua nunca cerraba,*
> *y miremos comer al Hambre,*
> *para dormir con cuerpo y alma."*

6. *El amor al arte*

La belleza enaltece al Derecho administrativo español, que contiene diversas reglas e instituciones dirigidas a promoverla y protegerla, aunque no es seguro que lo hagan con suficiente efectividad.

Nuestras leyes de protección de paisajes, de monumentos naturales e históricos o de conjuntos, sitios y jardines históricos dan buena noticia de ello. Más aún, las instituciones al servicio de la belleza brotan en los más insospechados y oscuros rincones de nuestro ordenamiento, como el de las obras públicas. Véase si no la institución conocida como "1 % cultural", por cuya virtud las rotondas de tantas carreteras están adornadas de excelsos monumentos al arte *kitsch*.

Antes de adentrarnos en este singular porcentaje nos conviene recordar que la preocupación por la estética de las obras públicas nos viene de antiguo. Por Real Orden de 23 de octubre de 1777, Don Carlos III ya mandó a "*todos los Magistrados y Ayuntamientos de los pueblos del Reyno*" que consultasen los proyectos de las obras públicas a la Academia de San Fernando "*para evitar se malgasten caudales en obras públicas, que debiendo servir de ornato y de modelo, existen solo como monumentos de deformidad, de ignorancia y de mal gusto*".

Pero el regio empeño en cuidar de reunir utilidad y belleza dentro de la obra pública recurriendo al academicismo parece que fracasó una y otra vez[31], hasta desfallecer. Con el tiempo, la pasión estetizante del legislador abandonó a la obra pública en sí y se concentró en su exorno y en su entorno.

Nació entonces el 1 % cultural, una medida de fomento hoy contenida en el artículo 68 de la Ley 16/1985, de 25 de junio, del

---

31 El Rey Don Carlos III hubo de insistir por Real Orden de 11 de octubre de 1779 y su hijo y sucesor Don Carlos IV lo haría de nuevo con las Órdenes de 23 de julio de 1789, 20 de diciembre de 1798 y 7 de agosto de 1800, pues las anteriores no habían tenido "*exacta y debida observancia … en diferentes pueblos del Reyno con notorio detrimento de la buena Arquitectura*" (*Novísima Recopilación de las Leyes de España*, Libro VII, Título XXXIV, Leyes III a VII). Y así hasta hoy.

Patrimonio Histórico Español, que manda que "*en el presupuesto de cada obra pública, financiada total o parcialmente por el Estado, se incluirá una partida equivalente al menos al 1 por 100 de los fondos que sean de aportación estatal con destino a financiar trabajos de conservación o enriquecimiento del Patrimonio Histórico Español o de fomento de la creatividad artística, con preferencia en la propia obra o en su inmediato entorno*". La Ley 14/2021, de 11 de octubre, elevó este singular porcentaje al 2 %. Sin embargo, ni las leyes ni su desarrollo reglamentario en el Real Decreto 111/1986, de 10 de enero, nos ofrecen las claves explicativas de esta extraña institución jurídica.

Más luz nos aporta la lectura de la disposición que la instauró, allá por 1978, recién estrenada la democracia y recién creado su Ministerio de Cultura siguiendo el modelo francés del *Ministère des Affaires Culturelles* que había encabezado en 1959 André Malraux. Era el nuestro un ministerio flamante, pero pobre, que asumió que la mejor forma de garantizarse una financiación nutrida y estable, en un país desarrollista como el nuestro, era vincularla con las obras públicas como habían hecho antes otros países de nuestro entorno. ¿Por qué este deber financiero rige sólo en las obras públicas y no en cualesquiera otras formas de gasto o inversión? El preámbulo del Real Decreto 2832/1978, de 27 de octubre, se esforzó por ocultar la razón financiera tras otra más elevada y aparente: "*una unión y coordinación más estrecha entre la arquitectura y la ingeniería y las otras artes, integrando éstas en aquéllas, previéndose que el técnico-facultativo autor del proyecto de la obra pública y el artista colaboren íntimamente en la fase de ejecución de las obras*".

Y ¿cómo fomentar la creatividad artística en la propia obra? Ay: realizando en ella "*trabajos artísticos, de decoración, adorno o embellecimiento*" con "*un punto de vista estrictamente artístico*". Parece que ya no se trataba tanto de cuidar la belleza intrínseca de la ingeniería o la arquitectura, como más bien de decorarlas, adornarlas o embellecerlas con un punto de vista estrictamente artístico. Esta disociación entre técnica y arte, entre utilidad y belleza, a las que ya no intenta unir sino acompañar nuestro afrancesado Ministerio de Cultura parece deudora de la filosofía de *l'art pour l'art*, cuyo apóstol Théophile Gautier proclamó: "*Sólo es verdaderamente bello lo que no puede servir para nada. Todo lo que es útil es feo, porque es la expresión de alguna necesidad*"[32]. ¿Ni un edificio ni un puente (ni un zapato ni una ley) pueden ser hermosos mientras no se arruinen? ¿Necesitan ser decorados o adornados para ser bellos? Prefiero la síntesis entre las artes que propugnaba Le Corbusier quien, sin renunciar a la utilidad de la arquitectura, proponía su reencuentro con la pintura y la escultura, reunidas en el deseo de tomar posesión del espacio[33].

El caso es que esta visión decorativa tampoco ha dado los resultados apetecidos. Y en los últimos años, el Estado ha terminado por convencerse de que intentar crear o comprar creaciones dudosamente estéticas para el exorno de sus obras es una misión para la que no está llamado, así que mejor dedicarse a conservar, rehabilitar y enriquecer con este dinero el patrimonio cultural existente en su entorno, que es mucho y necesita mucha inversión.

Por el camino, con cargo al 1 % cultural se han proyectado obras tan sublimes como la escultura *El hombre avión* de Juan Ripollés, instalada en la rotonda de acceso al aeropuerto de Castellón y coronada por el único avión que se aproximó a dicho aeropuerto en años[34].

Es cierto que un orden burocrático puede no ser el más apto para promover con eficacia la belleza. También lo es que en las últimas décadas se han prodigado los planes urbanísticos aplicados a su destrucción y las obras arquitectónicas o escultóricas titánicas que se levantan con poco gusto pero mucho escarnio para la hacienda pública.

En cuanto a lo primero, hay que recordar que la Administración es un sujeto conminado a prescindir de su subjetividad. De acuerdo con lo dispuesto en el artículo 103.1 de la Constitución, "*la Adminis-*

---

32 Prefacio de *Mademoiselle de Maupin* (1835).

33 "*L'un aidant l'autre, ils dissiperont les brouillards qui noient et les idées et les artistes, laissant sur leurs positions acquises (et non contestées) les métopes, les frontons, les tympans, les trumeaux de la tradition. L'alliance será autre. L'urbanisme dispose, l'architecture façonne, la sculpture et la peinture adresseront les paroles de choix qui sont leur raison d'être*". "L'Espace Indicible" (1945), publicado en *L'architecture d'aujourd'hui* en abril de 1946.

34 Si hemos de hacer caso de Gautier ("*Sólo es realmente hermoso lo que no sirve para nada*") ya no la escultura aneja, sino el aeropuerto de Castellón, en sí mismo, es la obra de arte total.

tración sirve con objetividad a los intereses generales". Pero ¿puede servirse con objetividad al desarrollo del arte?, ¿hay objetividad posible en el juicio estético? La Ley 9/2017, de 8 de noviembre, de Contratos del Sector Público niega carácter administrativo a los contratos que tengan por objeto la creación e interpretación artística y literaria y permite adjudicarlos mediante negociación directa sin publicidad. Un unicornio es un unicornio, no un caballo con un cuerno. Y la Ley 30/1984, de Medidas para la Reforma de la Función Pública, ya permitió que puedan eximirse del estatuto funcionarial y desempeñarse por personal laboral "*los puestos de las áreas de expresión artística y los vinculados directamente a su desarrollo*". No está concebido el funcionariado para emocionar al público con la representación de *Madre coraje,* ni la carrera administrativa para promover a la soprano que mejor entone la *casta diva,* ni el concurso público para encargar un mural de Joan Miró o un fresco de Miquel Barceló. Y en reconocerlo no hay huida del Derecho administrativo[35], sino prueba de que es consciente de sus propias limitaciones, lo que es un rasgo de genuina sensibilidad.

En cuanto a lo segundo —las obras de mal gusto— no hemos hallado todavía remedio. Muchos de nuestros gobernantes confunden lo *bello* y lo *sublime,* olvidando las sabias observaciones de Kant. "*Lo sublime, conmueve; lo bello, encanta*". Cuántas veces no nos ha conmovido —diría incluso que conmocionado— alguna de esas extravagantes manifestaciones del *arte de rotonda (ars rotondae),* pese a que no nos encanten. Un prurito democrático nos impide exigir a nuestros representantes políticos una cierta formación intelectual y estética, pero es que cuando por norma o por acto trata de objetivarse el criterio estético, suele incurrirse en un academicismo no menos lacerante,

[35] La "huida del Derecho administrativo" es una melancólica doctrina quejosa de quienes prescinden cada vez más de él en el sector público y tienden en su lugar hacia regímenes de Derecho privado, supuestamente más flexibles y propicios a la eficacia de la gestión pública, pero cuyos controles y garantías pueden ser inidóneos para los sujetos públicos por haber sido concebidos para la iniciativa privada, sea lucrativa o no. La remisión al Derecho laboral de las relaciones de empleo público o la utilización de la sociedad mercantil o de la fundación como forma instrumental de personificación en el sector público son ejemplos comunes de esta "huida".

de modo que no se sabe si es peor el remedio o la enfermedad. Al menos, la enfermedad nos conmueve, mientras que ignoramos si el remedio nos encantaría.

Cuando el Ministerio de Comercio e Industria francés convocó un concurso para dotar de un símbolo a la Exposición Universal de París de 1889, con la que se iba a conmemorar el centenario de la toma de la Bastilla, Gustave Eiffel lo ganó con su hoy icónica torre de hierro. El Estado y el Ayuntamiento firmaron un convenio administrativo con el ingeniero por el que le concedían el terreno en el Campo de Marte por 20 años, así como una subvención que financiaría parcialmente la construcción. Pero apenas iniciadas las obras, el proyecto congregó críticas furibundas de lo más granado del mundo de las artes y las letras. El periódico *Le Temps* publicó en portada un manifiesto contra la "*inútil y monstruosa torre del señor Eiffel*". Lo firmaban eminentes prohombres como el arquitecto Charles Garnier y el compositor Charles Gounod o los escritores Alexandre Dumas hijo y Guy de Maupassant. Decía así: "*Nosotros, escritores, pintores, escultores, arquitectos, apasionados aficionados por la belleza de Paris hasta ahora intacta, venimos a protestar con todas nuestras fuerzas, con toda nuestra indignación, en nombre del gusto francés anónimo, en nombre del arte y de la historia francesa amenazadas, …*". Y la abominación dio paso a la burla contra "*esa trágica farola gigante*" (Léon Bloy), "*ese esqueleto de atalaya*" (Paul Verlaine), "*desdichado y gigantesco esqueleto*" (de nuevo Maupassant).

Eiffel contestó con mesurada elegancia: "*Por el hecho de que nosotros seamos ingenieros, ¿creen ustedes que la belleza no nos preocupa en nuestras construcciones y que incluso al mismo tiempo que hacemos algo sólido y perdurable no nos esforzamos por hacerlo elegante?*"[36] Por si acaso fracasaba el argumento estético, también instaló una torre meteorológica y una antena de radio sobre la torre, de modo que no pudieran seguir tachándola de inútil ni promovieran su demolición tras la exposición. Su éxito está a la vista.

---

[36] Bertrand Lemoine, "Los artistas que no querían la Torre Eiffel", en https://www.toureiffel.paris/es/noticias/130-anos/los-artistas-que-no-querian-la-torre-eiffel (consultado el 21 de julio de 2024).

Así las cosas, quizás convenga relativizar el problema: pensemos que muchas obras de arquitectura e ingeniería civil promovidas en otro tiempo por los poderes públicos también fueron rechazadas con escándalo por sus coetáneos. Sin embargo, son hoy pacíficamente honradas como obras maestras. El tiempo todo lo sana y también en esto, resistir es vencer.

7. La pasión por lo prohibido

Una de las funciones del Derecho es prohibir y una de las funciones del Derecho administrativo es sancionar el incumplimiento de las prohibiciones, siempre que esté tipificado como infracción administrativa. Funciones odiosas, sin duda, pero que el ordenamiento juzga necesarias y la Administración se esfuerza por cumplir.

Tanto es el fervor punitivo del Derecho administrativo que hasta parece que desafía a la mismísima Constitución: mientras esta proclama el derecho "a la presunción de inocencia" (art. 24.2 CE), aquel porfía en llamar "presunto infractor" y "presunto responsable" a quien se le ha incoado un procedimiento administrativo sancionador [arts. 26.2 y 30.2 LRJSP y 53.2, 62.2, 64.2 y 85.2 LPAC][37]. ¿En qué quedamos? Afortunadamente, la jurisprudencia ha dejado meridianamente claro este entuerto: el "presunto infractor" goza de "presunción de inocencia"[38], pero la Administración puede destruirla utilizando cualquier medio probatorio, incluida la "prueba de presunciones" como la "presunción de veracidad" de los hechos constatados y consignados en los documentos de los funcionarios que tengan reconocida la condición de autoridad (art. 77.5 LPAC)[39]. En corto: la presuntuosa Administración puede destruir la presunción de inocencia del presunto infractor mediante la prueba de presunciones.

Eso no quiere decir que nuestro Derecho no sienta cierta comprensión o incluso secreta afición por lo prohibido. Y es que dice la

---

37 Siete son los artículos que llevamos mencionados en este párrafo: todos en su apartado 2. ¿Una casualidad o un guiño del legislador para subrayar esta dualidad presuntiva?

38 La "presunción de inocencia es un principio esencial en materia de procedimiento que opera también en el ejercicio de la potestad administrativa sancionadora" (por todas, STC 45/1997, de 11 de marzo, FJ 4º) conforme a la conocida doctrina de la traslación con matices de las garantías del proceso penal al procedimiento administrativo sancionador, por ser ambos manifestaciones del *ius puniendi* del Estado.

39 STS de 29 de abril de 2009.

RAE que "sanción" es tanto "*pena que una ley o un reglamento establece para sus infractores*" como también "*autorización o aprobación que se da a cualquier acto, uso o costumbre*". Ni todos los ilícitos están tipificados como infracción ni los que lo están, acaban siempre recibiendo sanción reprobatoria. Algunos, incluso, han merecido sanción aprobatoria.

En su Ordenanza de Limpieza de los Espacios Públicos y Gestión de Residuos de febrero de 2009, a la que ya he dedicado merecida atención más atrás (§3), el Ayuntamiento de Madrid prohibía "*realizar cualquier clase de pintadas, graffitis e inscripciones, tanto en los espacios públicos como sobre el mobiliario urbano, o sobre muros, paredes de edificios, fachadas, estatuas, monumentos, arbolado urbano público y, en general, cualquier elemento exterior integrante de la ciudad*"[40]. Y, sin embargo, durante su vigencia el Centro de Servicios Sociales de Valdebernardo programaba talleres de *graffiti*, que son una actividad extraescolar en la *"que se enseñará la técnica y el arte del graffiti, además de valores para fomentar la convivencia y la participación social"* según anunciaba el portal municipal en internet. Es decir, que una conducta puede ser al mismo tiempo sancionada como una infracción y fomentada como un arte educativo para la juventud por una misma Administración pública.

Puede que la complejidad alcanzada por la gestión pública local en espacios metropolitanos como Madrid haga que el Ayuntamiento sea incapaz de coordinar internamente la acción de sus distintas áreas de gobierno. Así que bien podría tratarse de un síntoma del trastorno bipolar que tantas veces aqueja a nuestra Administración. Pero también puede que el Ayuntamiento, llevado de su gusto por el *graffiti* como una de las bellas artes, pensara que la tipificación como infracción leve sea una forma de fomentarlo —paradójica pero eficaz— porque presumiera que el riesgo de ser descubiertos y denunciados por la policía local estimularía a los jóvenes graffiteros a expresar su libérrima creatividad sobre un muro. Esta segunda explicación me parece menos probable, pero más plausible.

---

[40] En la actualidad, la prohibición subsiste con otro tenor en la letra r) del artículo 9 de la nueva Ordenanza 12/2022.

Decía De Quincey que "*por objetables que sean* per se *un ladrón y una úlcera, pueden tener, en comparación con otros ejemplares de su clase, infinitos grados de mérito. Ambas cosas son imperfecciones, es cierto, pero como su esencia estriba en ser imperfectas, la misma grandeza de su imperfección se convierte en perfección*". El Ayuntamiento debía saber que la prohibición de los *graffiti* no impedirá su proliferación por nuestros espacios públicos, de modo que optó por enseñar el arte de ejecutarlos con belleza. Resignado a no poder evitar la infracción, se entregaba a fomentar la infracción perfecta. Hete aquí otra prenda de la rara pulsión estética de nuestra Administración.

8. La mala reputación

Hace ya más de un siglo, cuando Gumersindo de Azcárate y otros Diputados elevaron a las Cortes su Proposición de Ley fijando las bases del procedimiento administrativo, exponían sus motivos refiriéndose a "*una administración como la nuestra, centralizada, absorbente y burocrática, y que acompaña al ciudadano desde la cuna al sepulcro, al parecer para ampararlo y protegerlo, pero en realidad no pocas veces para molestarlo, vejarlo y estorbar el libre ejercicio de su actividad por virtud de [sus] vicios y deficiencias*"[41]. Y todavía medio siglo antes, ya había rimado parecida idea el agudo *Fray Gerundio* de Modesto Lafuente:

> *"Que son los interventores,*
> *comisarios y factores*
> *una casta de señores*
> *que Dios me libre."* [42]

En Francia, Vincent de Gournay —maestro de Turgot, quien le dedicó un encendido *Elogio*— ya se lamentaba en el siglo XVIII de una enfermedad nacional a la que llamó "*buromanía*". Pero eso fue en el *Ancien Régime.* Después llegó la Revolución y le insufló a la burocracia gala un afán reformista que Napoleón armó con jerarquía y disciplina militares y desde entonces, nada volvió a ser igual. Ya en 1838, se refería Balzac en su novela *Los empleados* a "*los ejércitos burocráticos*", que "*no existían bajo la monarquía*". "*Así ha nacido la burocracia, poder gigantesco puesto en movimiento por enanos*".

Flaubert dedicaba estas palabras con sorna a la voz "funcionario" en el diccionario de tópicos o de prejuicios (*Dictionnaire des idées reçues*) que empezó a componer en 1850: "*Inspira respeto sea cual sea la función que cumpla. Es funcionario todo asalariado del Estado, desde el ministro hasta el conserje*". Casi al mismo tiempo, Auguste Comte se venía arriba al proclamar en su *Système de politique positive* que "*en todo estado normal de la humanidad, cualquier ciudadano constituye realmente un*

---

[41] Apéndice 7º al núm. 5 del *Diario de las Sesiones de Cortes,* 1888.

[42] *Fray Gerundio: periódico satírico de política y costumbres,* capillada 2ª, 12 de abril de 1837. Madrid, Imprenta de Mellado.

funcionario público, cuyas atribuciones más o menos definidas determinan a la vez las obligaciones y las pretensiones". Muy francés, el sueño de una ordenada nación de funcionarios públicos.

Y en Prusia, la célebre obra de Max Weber sobre *Economía y Sociedad* (*Wirtschaft und Gesellschaft*) celebraba "*el progreso hacia el funcionario burocrático, basado en el empleo, en sueldo, pensión y ascenso, en la preparación profesional y la división del trabajo, en competencias fijas, en el formalismo documental y en la subordinación y la superioridad jerárquica*". "*En el Estado moderno, el verdadero dominio, que … consiste … en el manejo diario de la administración, se encuentra necesariamente en manos de la burocracia, tanto civil como militar*".

Está visto que la burocracia no tiene en todas partes el mismo prestigio que en Francia o en Alemania. Tanto Montaigne como Goethe fueron altos funcionarios, uno en Burdeos y el otro en Weimar, y todavía no ha nacido quien se lo reproche en sus respectivos países. Entre nosotros, en cambio, "burócrata" es poco menos que un insulto y la imagen pública del funcionario es bastante ingrata. El empleo público, en general, tiene mala prensa y peor literatura. Esta literatura ha mitificado a la Administración pública, sí, pero a fuer de retratarla no con las luces de un héroe sino con las sombras de un cíclope. Así que ha expresado mucho desafecto —que no desdén— por la burocracia.

"*Mas vayamos a los ejemplos, que son la carnaza de las gentes débiles como yo*" nos propuso el propio Montaigne en sus *Ensayos*. Así que vayamos a los ejemplos de esta desafección por la Administración y sus empleados, que los hay muchos y muy buenos (ejemplos, quiero decir, aunque también empleados)[43]. Todos nos acordamos de *El castillo* de

---

43 Aquí seleccionaré algunos que sirven al propósito de esta reflexión, pero otros me han precedido en la exploración de la relación entre burocracia y literatura. El lector bibliófilo encontrará un repaso de la satírica española desde el siglo de oro hasta el siglo XX en el ensayo de Luis Jordana de Pozas "Humorismo y Administración", incluido en *Problemática de la ciencia del Derecho. Libro homenaje al Profesor José María Pi y Suñer*, Barcelona, Bosch, 1962, que llegó a mis manos por cortesía de José Ramón Chaves, Sevach. Sobre la literatura costumbrista española del siglo XIX, puede consultar también a Alejandro Nieto, *La burocracia I. El pensamiento burocrático*, Madrid, Instituto

Kafka. Pero otros fueron más allá que él cargando las tintas en negros daguerrotipos de una Administración pública a la que han llegado a atribuir efectos letales. Repasemos si no la mordaz caricatura que hicieron Rafael Azcona y Luís García Berlanga de la Administración penitenciaria en su guión de *El verdugo*; el capítulo que a Borges le mereció un "*aciago funcionario*" en la *Historia universal de la infamia*; o la cruda denuncia que hizo Charles Dickens de la Administración militar en su relato breve *El cargamento de El Gran Tasmania*[44], donde arremetía contra "*el Departamento de la Pagoda del Gran Ministerio de Circunloquios, donde el sol no se pone jamás y no se eleva nunca la luz de la razón*".

Esto tienen en común las tres obras que cito: en todas, la Administración mata. Pero el empleado público de nombre Pangloss que nos retrata Dickens es un cínico ejecutor, capaz de justificar cualquier atropello administrativo como la mejor opción de las posibles, y el borgiano funcionario Kotsuké no Suké es un "*varón inaccesible al honor*" capaz de provocar decenas de muertes pero no de suicidarse con decoro cuando es capturado, con lo que obliga a degollarlo. En cambio, el José Luís Rodríguez de Azcona es un agobiado represor, tan victimario como víctima, ya que es verdugo pero se siente un reo mientras su suegro y mentor le apremia para que se resigne a los gajes del oficio.

Otro infausto funcionario es *Bartleby, el escribiente* imaginado por Melville en *Un relato de Wall Street*, que muere "*extrañamente acurrucado en la base del muro*" de un asilo en el que había sido recluido porque se negaba a abandonar la oficina en la que había sido empleado, pero de la que ya llevaba un tiempo desocupado. Casi nada conocemos de él, salvo su figura demacrada, su carácter autista, su resistencia pasiva ("*I would prefer not to*", "*preferiría no hacerlo*") y lo que aquí más importa: que su infortunio empieza y acaba con sendos empleos públicos. El relato arranca cuando es contratado como escribiente del Asistente

---

de Estudios Administrativos, 1976. Y para un recorrido más extenso pero no menos agudo, Luciano Vandelli, *Papeles y papeleo. Burocracia y literatura*, Madrid, Iustel, 2015.

44 Incluido en la recopilación española de algunos de sus textos periodísticos titulada *El viajero sin propósito*, Gadir, 2010.

en la Cancillería y concluye haciéndose eco del rumor según el cual, primero, había trabajado como ayudante subalterno en la Oficina de Cartas Muertas de Washington, donde se procesaba la correspondencia que no podía despacharse ni devolverse. La Oficina de Cartas Muertas. Un lugar idóneo para alimentar la "*pálida desesperanza*" a la que Bartleby estaba "*inclinado por naturaleza y desventura*" hasta dejarse morir[45].

Ya puestos, podemos traer también a su compañía a don Ramón Villaamil, aquel infeliz cesante víctima del sistema de turno de la Restauración española. El pobre hombre ya nos es presentado en *Fortunata y Jacinta* con "*una cara escuálida y cadavérica en la cual estaban impresas todas las tristezas de la Administración española*". Pero es en *Miau* donde alcanza el protagonismo. Allí Galdós nos apura su descripción ("*el cráneo liso y de color de hueso desenterrado como si acabara de recogerlo de un osario para taparse con él los sesos*"), nos hace saber que es un probo funcionario hecho al trabajo (*"hasta el cigarro no le sabe si no se lo fuma entre dos expedientes"*) cesado en el peor momento (cuando le faltan sólo dos meses "*para jubilarse con los cuatro quintos del sueldo regulador*") en un tiempo en el que la carrera administrativa no se cimentaba todavía en la inamovilidad, de modo que se consume como "*un mártir*" mientras recita esta salmodia: "*bienaventurados los brutos, porque de ellos es el reino ... de la Administración*" y se envenena con el resentimiento *"hacia la muy marrana Administración, a quien parta un rayo"*[46].

---

45 Descubro en Vandelli (op cit., pág. 101) que Bartleby fue traducido al español por Borges, a quien me acabo de referir, y al italiano por Calvino, a quien pronto citaré. Cómo no. El círculo de la conspiración antiburocrática se cierra.

46 Antes de importar el modelo francés de carrera e inamovilidad en el empleo público, el español era un *spoil system*, formado por tres grandes colectivos, que satirizó el ya mencionado Modesto Lafuente en su comedia en tres actos *La empleatividad* (incluida en *Teatro social del siglo XIX*, Tomo I, Madrid, P. Mellado, 1846), pues estos actos están sucesivamente protagonizados por Don Juan Aspirante, Don Juan Empleado y Don Juan Cesante. El primero, siempre atento a la veleta para cambiar con los vientos. El segundo, siempre temblando por los rumores de un cambio ministerial, pendiente de un hilo. El tercero, por el contrario, siempre crítico con el gobierno, anhelando su caída. Y es que "*Don Juan Cesante no descansa ni sosiega hasta verse otra vez Don Juan Empleado*".

Si en Galdós es el cese del funcionario anciano el que mortifica, en Delibes la cosa es aún peor ya que es la propia función pública la que se asimila a la muerte. En *La hoja roja*, no es el viejo don Eloy sino su joven compañero de oficio quien nos es presentado como "*un muchacho concienzudo y cabal, de una gravedad austera*", "*uno de esos muchachos ejemplares que sólo ven en su mujer la madre de sus hijos y recortan sus ambiciones a la medida del escalafón de funcionarios*". Pese a su juventud, este Mauro Gil también "*tenía la piel grisácea como si su carne empezara a descomponerse*" y "*a la luz mortecina de los focos, asumía una apariencia cadavérica*". Cadáveres son o parecen quienes se emplean en la función pública, esa es la conclusión a la que llegamos una y otra vez. Y eso que a la literatura de Galdós y de Delibes, en España, la hemos llamado realista.

Y cadáver, en fin, es el personaje de *La ciudad y los perros* que ha dejado una pensión tan pobre después de treinta años de servicio público, que su viuda lamenta con estas terminantes palabras: "*No hay nada más ingrato que el gobierno*". Unos años después, describe Vargas en su *Conversación en La Catedral* una perrera municipal, atestada de animales en malas condiciones, que los recogedores roban a sus dueños porque cobran por cada captura, aunque sea una miseria. El administrador "*dormita en un escritorio lleno de papeles*". "*Su voz es desganada, soñolienta como sus ojos, amarga como los pliegues de su boca: jodido, también*".

Leyendo tanta mortecina lividez y tanta lúgubre fatalidad, uno piensa qué terrible parca debía de ser aquella Administración, que acechaba con igual saña a los administrados y a sus propios servidores. Y se congratula uno de que el Estado social y democrático de Derecho haya enjaulado a la bestia, que ya sólo puede asomar la guadaña de sus zarpas por entre los barrotes que la guardan. Cosa que apenas hace, por cierto. Más frecuente hoy es ver a la Administración arrastrar los pies en su monótona ronda enjaulada, con un pesado caminar y una mirada perdida que ya no infunde temor sino más bien lástima.

Yo diría que sí: que la imagen mortífera y mortecina de los funcionarios públicos de antaño ha sido sustituida por otra más bien mortificante de indolente ineficacia. Es el Ayuntamiento ligur descrito por Italo Calvino en la novela *La especulación inmobiliaria*, que sin duda es italiana pero que, de no serlo, bien podría ser española sin desmerecer. Pues bien, ese Ayuntamiento tardaba demasiado en otorgar la licencia de obras solicitada por el protagonista y, cuando este se decidió a ir para meterle prisa, "*los ujieres lo mandaban de un piso al otro pues no sabían si el alcalde estaba, ni dónde*". En el imaginario colectivo del sur de Europa, todos los servidores públicos somos ujieres de algún ayuntamiento ligur.

Pero si hasta Bouvard y Pécuchet, que eran imbéciles y también oficinistas —el segundo, además empleado en un Ministerio—, cuando se encontraron por primera vez en un banco de un bulevar y empezaron a trabar su amistad poniendo en común sus fobias, lo primero que convinieron en denigrar es "*al cuerpo de Caminos, Canales y Puertos*", eso sí, seguido del monopolio de tabacos, el comercio, los teatros, la marina y todo el género humano. Desde luego, el siglo XIX perfiló el arquetipo del siniestro funcionario que ha perdurado hasta nuestros días. La campaña no podía fracasar, visto que en ella participaron Dickens, Melville, Galdós e incluso alguien tan francés como Flaubert.

Y desde la retaguardia, para apoyar la carga de la caballería literaria, el quinto poder descarga su artillería. De tanto en tanto, se publica algún reportaje periodístico sobre la endogamia existente en este cuerpo, o la ineficacia de ese organismo, o la falta cometida por aquel funcionario. Varios fueron los artículos, por ejemplo, que se le dedicaron a un funcionario disfuncional de una diputación provincial que pasó diez años sin ir a trabajar, lo que le acarreó un expediente disciplinario y la suspensión de empleo y sueldo por otros nueve años. La sorpresa llegó cuando se descubrió que "*el artista del absentismo*" había logrado que el ayuntamiento de la capital de la provincia le programara una exposición dedicada a mostrar su obra artística y ensalzar su persona. Para más escarnio, la exposición llevaba por subtítulo "*los trabajos de un hombre que nunca trabajó*" y tuvo que ser cancelada[47]. Si estos son nuestros héroes, la guerra está perdida.

---

[47] Ignacio Zafra, "El artista del absentismo vuelve a engañar", *El País*, 14 de febrero de 2018.

Ojalá ésta fuera sólo una imagen literaria y popular. Pero parece que la comparten también el legislador y los jueces. El legislador nos dice de la Administración que “en virtud del principio de proporcionalidad, la iniciativa normativa que se proponga deberá ser el instrumento más adecuado para garantizar la consecución del objetivo que se persigue, tras constatar que no existen otras medidas *menos restrictivas y menos distorsionadoras* que permitan obtener el mismo resultado” (art. 4.3 LES, hoy sustituido por el art. 129.3 LPAC), lo que da por sentado que todas las medidas administrativas son restrictivas y distorsionadoras por naturaleza, aunque no sepamos exactamente de qué, y que lo único a lo que podemos aspirar es a que lo sean en menor grado. La jurisprudencia del Tribunal Supremo, por su parte, ha afirmado que “el recurso contencioso-administrativo, por su naturaleza, no puede poner remedio a *todos los casos de indolencia, lentitud e ineficacia administrativas*, sino tan sólo garantizar el exacto cumplimiento de la legalidad” (STS de 1 de octubre de 2008).

Cómo no se va a abandonar esta Administración a la inactividad, al silencio o al desafuero cuando lee lo que de ella dicen los autores, los periódicos, el legislador y los jueces. En nuestros días, la imagen transmitida de la Administración sigue siendo lúgubre como antaño, sólo que la letalidad ha sido reemplazada por una pesada indolencia que es menos virulenta pero igualmente repudiable.

9. La gracia en la burocracia

Cambiemos el tono. Conviene más al propósito de este escrito rebajar el patetismo.

Para este propósito, podemos empezar recordando que no sólo Montaigne y Goethe, sino también Melville y Cavafis, Darío y Paz, Borges y Delibes, Machado y Mendoza o Mistral y Neruda fueron empleados públicos. Las oficinas, aulas y bibliotecas públicas y las legaciones diplomáticas han dado acomodo a muchos poetas, conformado un nuevo Monte Parnaso, una Arcadia oficial. Y todo con la anuencia cómplice del legislador, pues el artículo 19 de la severa Ley 53/1984, de 26 de diciembre, de Incompatibilidades del Personal al Servicio de las Administraciones Públicas exceptúa de su férreo régimen de prohibiciones a la producción y creación literaria, artística, científica y técnica.

No es nada nuevo. El Estado lleva muchos siglos siendo refugio de artistas. En su sociología de la dominación, Max Weber recuerda que "*hubo una época en que se aprendía a hacer discursos en latín y versos en griego con objeto de llegar a ser consejero político y, ante todo, redactor de las memorias políticas de un príncipe.*"[48] Los escritores, músicos, pintores, arquitectos y escultores recorrían y recorren las cortes yendo del favor de un príncipe a otro.

Así que cuando discutamos sobre la productividad del sector público, situemos en su haber no sólo el volumen de expedientes resueltos, sino también las obras inspiradas. Y si a veces la RPT de una Administración incluye algunos puestos de trabajo perfectamente inútiles, sepamos ver en ello una incitación al arte[49]. El procedimiento

---

48 *Economía y sociedad. Esbozo de sociología comprensiva*, Fondo de Cultura Económica, pág. 1064.

49 En su Manifiesto *La utilidad de lo inútil* (5ª ed., Barcelona, Acantilado, 2013) Nuccio Ordine reivindica con acierto el desapego por la utilidad y la fuerza creativa del ocio especulativo. El título del ensayo evoca las palabras de Kakuzo Okakura en *El libro del té*: "Al percibir la sutil utilidad de lo inútil, [el hombre] entra en el reino del arte".

para la provisión de esos puestos no debería ser cualquier concurso, sino unos juegos florales.

No: la Administración nunca ha cometido el tosco error de reducir el *officium* a un mero *negotium*. Sabe lo mucho que valen la paz imperturbable que se respira en muchos de sus despachos, la excitación intelectual que puede encontrarse en una buena instrucción o el placer estético que provoca un expediente bien conformado. Y sí: el empleo público es un instrumento masivo de fomento de la cultura, porque le procura al creador un ocio de calidad —desprovisto de la angustia por subsistir— y porque le provee de escenarios, sucesos y experiencias fértiles para la creación.

Busquemos alguna contribución desmitificadora y amistosa de la Administración que nos confirme esta revelación. No es preciso tampoco llegar al arrobo con que uno de los vecinos recibía a su Alcalde a la entrada del pueblo serrano de *Amanece que no es poco*, al grito de "*¡Viva el munícipe por antonomasia!*" y "*¡Alcalde: todos somos contingentes, pero tú eres necesario!*". En el justo medio entre Azcona y Cuerda quizás encontremos la virtud. Los ejemplos no abundan tanto, pero la literatura nos ha regalado alguno notable sobre una institución pública que ni mata ni da la vida, pero sí da fe de ambas circunstancias. Una institución que atesora muchas anécdotas e invita a muchas reflexiones. Hablamos del registro civil.

El registro civil inscribe nuestros hechos y actos existenciales. Describe nuestro ser y relata nuestro estar por la vida. Nacimiento, filiación, casamiento, separación, divorcio, defunción. Que el Gobierno proyectara hace unos años encomendar su cuidado a los registradores mercantiles es otra señal de estos tiempos aciagos nuestros, en los que lo civil se entrega a lo mercantil: Si en la *sociedad del rendimiento*, el ciudadano ha sido convertido en *empresario de sí mismo* (dice Byung-Chul Han), resulta consecuente que sea el registrador mercantil quien inscriba la constitución, las fusiones o la disolución y liquidación de estas empresas humanas, como hace con las restantes.

Y sin embargo, el registro civil todavía es una institución filosófica. Administra nuestra identidad y garantiza nuestra singularidad. Le confiere signo a nuestro significado y nos da la libertad para elegirlo, dentro de un orden. Nos define como nos enseñaron los clásicos: género común (los apellidos) y diferencia específica (el nombre).

Dice Augusto Monterroso que "*el nombre de un perro es tan importante como el perro mismo*", mientras que los humanos tenemos el poder de alterar nuestro nombre: "*Un hombre, una mujer, pueden, si les da la gana, y por motivos a cual más extraño y pintoresco, buscarse otro apelativo. Esto es cuestión de gustos y con tres publicaciones del Registro Civil en los diarios de menor circulación queda todo arreglado*"[50]. En su autobiografía *Años interesantes,* el historiador Eric Hobsbawm recuerda sus años de infancia en la Viena de entreguerras, donde nos cuenta que hizo amistad con un tal Haller Peter y nos aclara: "*Según la tradición de los estados burocráticos, cuando se preguntaba a alguien cómo se llamaba, primero decía el apellido y luego el nombre de pila*". Qué poder tan soberbio ése de ordenar la forma de nombrarnos.

Aunque también en esto se ve que la Administración ya no es lo que era, ya no manda tanto como padece. Porque al ir a inscribir a mi primer hijo en el Registro Civil de Madrid pude asistir a la escena protagonizada por mi predecesor en el turno de espera, un feliz padre que quería llamar "Róus" a su recién nacida. Cuando el empleado le preguntó ¿"Rosa"?, él contestó con decisión, "no: Róus". Cuando el empleado tecleó "R-o-s-e", él reaccionó airado: "¡no, quiero que se llame Róus, R-ó-u-s!". Y cuanto más insistió el empleado en que ese nombre es inglés y que "Róus" en inglés se escribe "Rose", más crecía la determinación del receloso padre y más torva se hacía su mirada, hasta que el resignado funcionario claudicó e inscribió finalmente a Róus. Así, como suena.

Fijemos por último nuestra atención en la preciosa descripción del avejentado registro civil que presta el escenario y da el sentido a la trama de *Todos los nombres* y con la que José Saramago abre esta novela. Empieza así:

> *"Encima del marco de la puerta hay una chapa metálica larga y estrecha, revestida de esmalte. Sobre un fondo blanco, las letras negras dicen Conservaduría General del Registro Civil. El esmalte está agrietado y desportillado en algunos puntos. ... Apenas se cruza el umbral, se*

---

50 *Diógenes también,* incluido en *Obras completas (y otros cuentos),* Anagrama, 1998.

> *siente el olor de papel viejo. … La disposición de los lugares en la sala acata naturalmente las precedencias jerárquicas, pero siendo, como cabe esperar, armoniosa desde este punto de vista también lo es desde el punto de vista geométrico, lo que sirve para probar que no existe ninguna irremediable contradicción entre estética y autoridad. … La distribución de tareas entre la plantilla de funcionarios satisface una regla simple, la de que los elementos de cada categoría tienen el deber de ejecutar todo el trabajo que les sea posible, de modo que sólo una parte mínima pase a la categoría siguiente. Esto significa que los escribientes no tienen más remedio que trabajar sin descanso desde la mañana hasta la noche, mientras los oficiales lo hacen de vez en cuando, los subdirectores muy de tarde en tarde, el conservador casi nunca".*

La contemplación de la beata quietud del orden burocrático le produce a nuestro nobel de literatura un embeleso no exento de ironía. El mismo del que participamos nosotros, por cierto. Mientras nos afanamos por incorporar las últimas aportaciones del *new public management*, de la *smart regulation* y de la *governance*, seguimos descansando la firmeza de la Administración sobre añejos principios como la competencia, la jerarquía o la formalidad. Y la contemplación de la organización del trabajo de ellos resultante nos produce la misma sensación de paz que observar la precisión rítmica de los trabajos de una maquinaria vetusta y pesada luego de descubrir que toda ella está sustentada sobre tres principios arquetípicos: engranaje, gravedad y rotación.

El ingenio burocrático es un viejo reloj de péndulo que marca el paso de las horas con una cadencia inmutable: izquierda, derecha, izquierda, derecha. Que nadie me diga que no se sabe adaptar a los tiempos nuevos, que no gestiona bien tantas idas y vueltas, ni que debe aprender de las empresas privadas, supuestamente mucho más ágiles y flexibles. Yo he visto a la Administración cambiar sus objetivos y sus reglas, sustituir a sus mandos o mudar su estructura de un día para otro a golpe de BOE como si nada, mientras que he oído que algunas organizaciones privadas sufren enormes padecimientos por asumir el impacto de una fusión o absorción sobre su cultura corporativa, de la que siguen doliéndose años después. La Administración pública chirría, pero al menos no gime.

10. Las erratas burlonas

La mayoría de autores y editores sufren las erratas como un tormento que devalúa su obra. Pero no falta algún espíritu provocador que se aprovecha de ellas para mejorar su obra o para burlar censuras[51].

Como todas las personas, la Administración yerra mucho. Y eso la hace parecer más humana: *errare humanum est.* Sólo que a veces disfraza como erratas sus errores porque le es más fácil rectificar que enmendarse[52]. Incluso esto la humaniza. El caso es que la suma de aquellos yerros y estos encubrimientos inunda las páginas de los boletines oficiales de correcciones de erratas, algunas genuinas, otras no tanto.

Entre las segundas puede encontrarse la "corrección de errores" que se intentó introducir mediante Resolución de 3 de junio de 2013 en el pliego de cláusulas administrativas particulares del contrato de concesión del servicio público de atención sanitaria especializada de seis hospitales universitarios de la Comunidad de Madrid, que "*puede exceder de la posibilidad de rectificación de errores materiales, de hecho o arit-*

---

51 En su *Vituperio (y algún elogio) de la errata* (Espuela de Plata, 3ª ed., 2013), José Esteban recopila muchos de esos errores mortificantes, pero también nos habla de erratas cultivadas e intencionadas, como la que dedicó Voltaire a su enemigo el académico y preceptor real Boyer, quien había sido obispo de Mirepoix, por lo que acostumbraba a firmar "l'anc. Evêque de Mirepoix". Voltaire cambió la abreviatura por "l'ane" y así el antiguo obispo pasó a ser el asno obispo.

52 Tengamos en cuenta que las Administraciones públicas pueden rectificar en cualquier momento, de oficio o a instancia de los interesados, los errores materiales, de hecho o aritméticos existentes en sus actos (art. 109.2 LPAC) pero no pueden anular estos actos por sus propios medios si son favorables a los interesados, sino sólo declararlos lesivos para el interés público e impugnarlos seguidamente ante el orden judicial contencioso-administrativo (arts. 107.1 LPAC y 19.2 y 43 LJCA). Cuando esto ocurre, la Administración se ve abocada a ejercer una acción reflexiva, en la que ella misma es parte actora y parte demandada, un humillante monólogo procesal que procura evitar.

méticos, que confiere a la Administración … la Ley …, al amparo del cual se ha realizado dicha modificación, al introducir el término <<anual>> respecto del importe de adjudicación del contrato que ha de servir de referencia para fijar el 5 % de la cuantía de la garantía definitiva a prestar por la parte adjudicataria, siendo evidente que la cuantía de la fianza contractual varía sustancialmente según sea del 5 % del importe total de adjudicación del contrato (diez años de ejecución) o del importe anual (deduciblemente con referencia al primer año), y supone una modificación sustancial de las condiciones de la licitación y del contrato, realizada cuatro días antes de la finalización del periodo de presentación de las ofertas por los licitadores lo que podría haber limitado el principio de libre concurrencia competitiva al haber podido impedir licitaciones de empresas por el importe de la garantía definitiva según la convocatoria posteriormente rebajado por vía de <<corrección de errores>>" (Auto del Tribunal Superior de Justicia de Madrid de 11 de septiembre de 2013, por el que la Sala suspende cautelarmente la licitación hasta fallar el recurso presentado). Es decir, que la corrección del supuesto error material o aritmético cometido por la Administración había consistido nada menos que en dividir por diez la garantía que debía prestar el contratista, y ello sólo a cuatro días del vencimiento del plazo para licitar, con aparente burla del principio de competencia. No coló.

Las erratas genuinas son un vicio mucho más leve porque no alteran la voluntad sino sólo su expresión, aunque también puedan tener su relevancia simbólica. Debemos suponer, por ejemplo, que entre estas se encuentra una que confundió nada menos que al Jefe del Estado. En su número 157 de 28 de junio de 2014, el BOE publicó la corrección de errata de la Ley 10/2014, de 26 de junio, de Ordenación, Supervisión y Solvencia de Entidades de Crédito, consistente en que donde dice: «JUAN CARLOS I REY DE ESPAÑA» debe decir: «FELIPE VI REY DE ESPAÑA». Don Juan Carlos acababa de abdicar y parece que las instituciones no se hacían todavía al nuevo Rey, después de 39 años sin alterar la fórmula sancionadora de las leyes.

También podemos recordar la disposición adicional tercera de la Ley Orgánica 4/1987, de 15 de julio, de la Competencia y Organización de la Jurisdicción Militar, que facultó al Gobierno para dictar las disposiciones necesarias "en orden a la atribución de las funciones que desempeña *el Conejo Supremo de Justicia Militar*, como Asamblea de las Reales y Militares Ordenes de San Fernando y San Hermenegildo y en relación con el señalamiento de haberes pasivos" según la versión digital del BOE nº 171, de 18 de julio de 1987[53]. En cambio, según la edición original en papel, tales funciones no las desempeña ningún "conejo" mayúsculo y supremo, sino un "consejo". Así que el supuesto conejo era sólo un gazapo y lo que habíamos querido leer como un justo homenaje de la justicia militar a Lewis Carroll era, en realidad, una vulgar errata.

---

53 Consultada el 4 de diciembre de 2013.

11. La elocuencia del silencio

Acabamos de recrear cómo habla la Administración y los muchos líos en que se mete al hacerlo. Veamos ahora qué ocurre cuando calla.

A la Administración pública le suponemos un gran poder. En consecuencia, nos dirigimos con frecuencia a ella para instarle cosas de lo más variopintas: que si una licencia para construirnos una casa o para poner un negocio, que si una ayuda económica para subvenir a nuestros agobios, que si considere nuestra candidatura para ocupar un puesto de trabajo o para prestarle un servicio que esté dispuesta a retribuir, etc.

Pero la Administración es un poder vicario: es apoderada por otro (el legislador) y no para conducirse como quiera, sino para cumplir una misión de servicio: "*la Administración pública sirve con objetividad los intereses generales y actúa de acuerdo con los principios de eficacia, jerarquía, descentralización, desconcentración y coordinación, con sometimiento pleno a la ley y al Derecho*" (art. 103.1 CE). En estos próximos capítulos (§11 a §15) me centraré en explorar algunas de las servidumbres del poder administrativo.

La primera de que nos vamos a ocupar es el deber de resolver. Como en el Derecho rige el principio de seguridad jurídica y en la Administración el deber de cortesía[54], el artículo 21 LPAC dispone que "*la Administración está obligada a dictar resolución expresa y a notificarla en todos los procedimientos cualquiera que sea su forma de iniciación*". Es decir, que lo que se empieza —ya sea por propia ocurrencia o por instancia de otro— debe ser acabado, que no está bien dejar las cosas a medias.

---

54 Con la idea de seguridad jurídica ya está familiarizado (§ 1) el lector que ha llegado hasta aquí, lo que aprovecho para agradecerle. El deber de cortesía requiere un poco más de su paciencia, porque se abordará en un capítulo posterior (§ 15).

Pero la sagacidad y la experiencia del legislador le llevaron a sospechar que este mandato podría ser incumplido. Y creyó hallar el remedio para ello en la sabiduría popular —*quien calla otorga*— cuando de procedimientos iniciados a instancia de parte se trataba. Por ello prescribió que "*en los procedimientos iniciados a solicitud del interesado, sin perjuicio de la resolución que la Administración debe dictar ..., el vencimiento del plazo máximo sin haberse notificado resolución expresa, legitima al interesado o interesados para entenderla estimada por silencio administrativo, excepto en los supuestos en los que una norma con rango de ley o una norma de Derecho de la Unión Europea o de Derecho internacional aplicable en España establezcan lo contrario*" (art. 24.1 LPAC).

Que el silencio es muy elocuente lo sabemos todos. Pero la propia extracción legal de efectos jurídicos de este hecho ha favorecido su consolidación como una insana costumbre administrativa. Porque los titulares de los órganos competentes para resolver también conocen la cultura popular y saben que *en boca cerrada no entran moscas*, así que *en la duda, ten la lengua muda* porque *somos dueños de nuestros silencios, pero esclavos de nuestras palabras*. Y, para quien prefiera el lustre de una cita célebre a un vulgar refrán, podemos ofrecerle aquélla de Calderón en *La vida es sueño*:

"Respóndate retórico el silencio;
cuando tan torpe la razón se halla,
mejor habla, señor, quien mejor calla."

Así que, si el interesado puede obtener regularmente lo que quiere mientras yo callo, ¿para qué hablar: *para cagarla*? Se me dirá que, al igual que se puede pecar, también se puede delinquir por omisión, pero lo cierto es que es difícil prevaricar sin actuar —dictar "una resolución arbitraria"— y además "a sabiendas de su injusticia", es decir, se requiere una conducta típica que será muy complicado demostrar en quienes se hayan limitado a no hacer nada, a mirar para otro lado, a adoptar la muy liberal actitud de *laisser faire, laisser passer*. A la primera imputación, es fácil el descargo:

Pero si yo nada hice, señor,
pues que lo mío no es malicia sino mera molicie,
y no puede haber arbitrio en quien ni hace ni dice.

Así es como el silencio, instituido en nuestro Derecho administrativo como una garantía del ciudadano, se ha acomodado también como fea costumbre de la Administración.

12. El aprecio del sentimiento: el premio de afección y el *pretium doloris*

Hasta ahora nos hemos ocupado de varias formas de la actividad de la Administración, de su dudosa reputación y del estilo que tiene para expresarse cuando habla y cuando calla. Es la hora de adentrarnos en los sentimientos que esconde en lo más profundo de su ser impenetrable, pero que el jurista atento —y dotado de cierta inteligencia emocional— puede vislumbrar en la imagen deformada que de ella proyectan las leyes. Me refiero ahora a esa otra Administración que nos compadece, que nos consiente, que nos cuida y que nos cura.

El artículo 47 de la Ley de Expropiación Forzosa de 1954, decana de nuestro ordenamiento jurídico-administrativo en la que ya nos hemos detenido más atrás (§ 1), dispone que "*en todos los casos de expropiación se abonará al expropiado, además del justo precio fijado en la forma establecida en los artículos anteriores, un 5 por 100 como premio de afección*". Nótese que este aprecio ya no es "precio" sino "premio" porque no retribuye la cosa en sí, sino el apego que le tiene su dueño y que la ley juzga digno de recompensa por demás. Sólo un necio dudará que esta liberalidad se sobrepone noblemente al romo utilitarismo de nuestros días. Ya lo proverbió Machado:

> *"Todo necio*
> *confunde valor y precio."*

Aun aceptando que la ley expropiatoria no es necia[55], un romántico poco acomodaticio y muy dado a la exageración podría aducir en

---

[55] Y conste que el exquisito cuidado que pone el legislador administrativo en distinguir entre valor y precio no es un accidente de la Ley de Expropiación Forzosa, sino un celo sistemático que se deja ver asimismo en la Ley de Contratos del Sector Público (cuando diferencia entre el valor estimado del contrato y su precio: arts. 101 y 102 LCSP) o en la de Suelo (por su em-

su contra que el valor afectivo es incalculable y seguidamente acusar a la ley de mezquina, por referenciarlo al valor económico del bien o derecho expropiado; y de tacaña, por cifrarlo sólo en un 5 % del mismo. Claro que se expondría a la réplica descarnada de algún economista ajeno a la poesía y a las demás pasiones del mundo sensible, que sin duda respondería: que sea incalculable puede deberse a que tienda a infinito, pero también a que valga cero. Y ya tendríamos armado el cisco.

Por eso aquí preferimos obviar el deprimente cisma del *quantum*, ir al *quid* de la cuestión y conmovernos por la empatía de la ley con el expropiado, al que no sólo retribuye por el valor objetivo del bien, sino también por el apego que le presume por él. Y poner en valor la elegancia que demuestra al no admitir prueba en contrario —que sería muy penosa— y de exonerarle a su vez a él de demostrar este afecto —lo que sería harto difícil para expropiados poco efusivos—.

Algo similar ocurre con la responsabilidad patrimonial de la Administración pública. Y así debe ser, ya que la responsabilidad patrimonial y la expropiación forzosa son "*modalidades de un mismo género: la garantía patrimonial del ciudadano*" (STC 61/1997, de 20 de marzo, FJ 33º).

Dice el artículo 32 LRJSP que "*los particulares tendrán derecho a ser indemnizados por las Administraciones públicas correspondientes, de toda lesión que sufran en cualquiera de sus bienes y derechos, siempre que la lesión sea consecuencia del funcionamiento normal o anormal de los servicios públicos salvo en los casos de fuerza mayor o de daños que el particular tenga el deber jurídico de soportar de acuerdo con la Ley.*" Alguien podría pensar que, tratándose de una institución que la propia Ley rubrica como "responsabilidad patrimonial de la Administración pública", los únicos bienes y derechos indemnizables son los de contenido patrimonial: cualquiera de ellos pero sólo ellos, no los de orden moral o afectivo. Pues no es así.

El 12 de marzo de 1975, la famosa sentencia "de los novios de Granada" mandó indemnizar a los padres y a la novia de un joven

---

peño en fijar criterios objetivos de valoración de los inmuebles: arts. 34 y ss. TRLSRU).

muerto por impacto de un enfermo mental que se había arrojado sobre la pareja desde la ventana del hospital provincial en que se hallaba interno. Desde entonces, el Tribunal Supremo está empeñado en resarcir el sufrimiento antijurídico causado por el funcionamiento normal o anormal de los servicios públicos, para lo que "*tiene reiteradamente declarado que el resarcimiento del daño moral por su carácter afectivo y de «pretium doloris» carece de parámetros o módulos objetivos, lo que conduce a valorarlo en una cifra razonable, que siempre tendrá un cierto componente subjetivo (Sentencias del Tribunal Supremo de 1 diciembre 1989, 4 abril 1989, 31 octubre 1990, 27 noviembre 1993, 19 noviembre 1994, 2 diciembre 1995, 20 julio 1996, 26 abril 1997 y 5 junio 1997, entre otras)*" (STS de 21 de abril de 1998, F.J. 6°).

La gallarda actitud del Tribunal Supremo merece elogio sin reservas. Pero su discurso pierde un matiz que había acertado a precisar la Ley de Expropiación Forzosa y es que el pago por el afecto no puede ser precio sino premio. Por eso, no precisa ni puede ser proporcional a la valía misma del sentimiento, al que no puede medir ni compensar sino sólo reconocer y honrar.

En lo que sí coinciden responsabilidad y expropiación es en que en ninguno de los casos aludidos el Alto Tribunal ha exigido probar el afecto dañado o frustrado a la parte que lo alegaba, sino que lo ha presumido. Sin duda sabían sus Señorías de los siniestros enconos que pueden esconder los vínculos familiares[56] y de lo insondables que pueden ser los sentimientos para cualquier medio de prueba admisible en Derecho.

---

[56] Y no lo digo a humo de paja. En alguna ocasión, han tenido que fallar contra un recurrente que actuaba de mala fe "*para satisfacer sus pasiones en contra del denunciado, hermano suyo, del que, a lo que parece, le separan graves diferencias*" (STS de 22 de enero de 1980). Y así como al Alto Tribunal le constan las bajas pasiones que alimenta a veces la fraternidad desde los tiempos de Abel y Caín, podemos presumir que tampoco ignora las inquinas que es capaz de provocar la filiación, por no hablar del matrimonio y sus efectos colaterales, llamados cuñados.

13. El cultivo de la amistad

De acuerdo con lo dispuesto en el artículo 23.2.c) LRJSP, las autoridades y los empleados públicos deben abstenerse de intervenir en los asuntos en los que tengan "*amistad íntima o enemistad manifiesta*" con alguno de los interesados en el procedimiento. Una norma tan concisa y poco aparente como ésta condensa un tratado de la más elevada filosofía moral. Veamos.

En primer lugar, es de notar que el legislador equipara como causas de abstención o recusación a la amistad o la enemistad con el parentesco[57], e incluso con el interés directo, sobreponiéndose otra vez al egoísmo utilitarista propio de nuestros tiempos.

Advirtamos, además, que la Ley señala a la amistad, la enemistad, el parentesco y el interés como causas de abstención, pero no al amor. ¿Qué hay del amor? No es fácil interpretar las omisiones de las leyes. Hay quien dice que los funcionarios son incapaces de amar, pero eso no es una respuesta, sino una provocación.

Quizás es que el legislador entendió que el amor genuino y maduro es un estado superior de la consciencia que no nubla el buen juicio, sino que lo ilumina. Vale, pero mientras se alcanza ese estado, del enamoramiento ya dijo Ortega que es "*una especie de imbecilidad transitoria*" similar a la embriaguez o al hipnotismo. ¿Entonces, no debería abstenerse quien esté sumido en tal estado de imbecilidad? Sospecho más bien que el legislador administrativo sabe que el amor es un arcano inextricable para la humanidad, sobre el que los filóso-

---

57 Esta equiparación viene de antiguo. Ya en el Antiguo Testamento se ensalza la amistad entre David y Jonatán como un amor fraternal. Cuando este muere en el campo de batalla, David le llora con estas tiernas palabras: "*Angustiado estoy por ti, ¡oh Jonatán, hermano mío! Me eras carísimo. Y tu amor era para mí dulcísimo. Más que el amor de las mujeres*". Así que para David esa amistad —cualquiera que fuera su naturaleza- era un vínculo igual a la consanguinidad y superior a la afinidad. Más allá va Cicerón en su breve tratado sobre *La amistad*, en el que proclama que "*la amistad aventaja al parentesco en que entre parientes puede desaparecer el afecto; pero entre amigos no; ya que, en desapareciendo el afecto, la amistad desaparece, pero el parentesco permanece.*"

fos especulan y los poetas aventuran, de suerte que conviene ceñirse a otras pasiones y relaciones humanas que también son sutiles, pero menos mistéricas, y que además pueden ser su reflejo. Según los casos y los momentos, la persona amante suele sentir por la amada una íntima amistad o una enemistad manifiesta, haber contraído matrimonio con ella o compartir hijos, bienes, deudas o sociedades. Para qué, pues, empeñarse neciamente en aprehender el amor en la ley.

En segundo lugar, notemos que el Derecho administrativo es mucho menos pródigo que otros órdenes sociales al tratar de la amistad. Su rigor es una exaltación de la amistad verdadera, aquel raro vínculo que sólo el hábito y la intimidad pueden forjar de consuno. Como tiene dicho la Sala de lo Contencioso-Administrativo del Tribunal Supremo, "*la amistad íntima es de difícil probanza, ya que su prueba directa es prácticamente imposible*" (STS de 5 de noviembre de 1986). Y es que "*el motivo de abstención del artículo 28.2.c) de la Ley 30/1992 no lo constituye la simple amistad sino la «amistad íntima», lo cual significa que no basta cualquier relación de conocimiento sino que es necesario que concurran (y se acrediten) unas circunstancias de hecho que revelen en el ámbito de la vida personal, ajeno al de la profesión, la proximidad y la estrecha vinculación que las actuales pautas sociales exigen para apreciar ese elevado nivel de amistad que resulta necesario para merecer la calificación de «íntima» (circunstancias como pueden ser, entre otras, la coincidencia de manera repetida o habitual en los tiempos y actividades de ocio, en celebraciones familiares, etc.).*" (SSTS de 4 de octubre de 2010 y de 1 de diciembre de 2011).

Dicho más llanamente: a quien pretenda alegar amistad íntima, de nada le valdrá demostrar años enteros compartiendo despacho, aversión por un jefe común o largas reuniones de trabajo o noches en vela pasadas juntos en la oficina para terminar un proyecto. Pero sí acreditar la complicidad o rivalidad en timbas de mus o la asistencia a las bodas de los hijos, actos en los que todos sabemos que nadie se junta —y no me refiero sólo a las parejas de jugadores o de novios— si no es por sincera afinidad del espíritu.

Tampoco puede pasarnos por alto otra fina sutileza de la Ley y es que, mientras la cualificación que exige de la amistad para ser causa de abstención es la de "íntima", para la enemistad requiere que sea "manifiesta". Es decir, que sitúa sabiamente a la amistad en el terreno de la privacidad, pero a la enemistad contrariamente en el terreno de la publicidad. Y es que la amistad genuina se cultiva en la intimidad, pero una buena enemistad reclama cierta notoriedad.

En tercer lugar, debemos tener presente que la amistad y la enemistad de las que aquí hablamos son sentimientos relacionales, pero ¡ay! no necesariamente bilaterales ni mucho menos sinalagmáticos. Es decir, que por alta que sea la amistad o enemistad que profese el interesado hacia el titular del órgano competente, puede recibir pobre o nula correspondencia de este. Y sólo es causa de abstención la profesada por este último, no la percibida de él ni tampoco la a él destinada.

Por último, conviene también precisar que sólo es causa de abstención la enemistad manifiesta existente al tiempo de ejercer la competencia de que se trate. Queda fuera la que probablemente acarree la abstención de quien se proclama amigo o la recusación del supuesto enemigo y los subsiguientes recursos arrastrados durante años. Porque el ejercicio de una abstención o de una recusación puede ser percibido por su destinatario como una afrenta. Y sea ésta real o imaginaria, puede por sí mismo provocar una aguerrida y duradera enemistad, tan épica como la sostenida durante décadas entre dos oficiales del ejército napoleónico, jalonada de lance en lance, que Joseph Conrad noveló en *El duelo*, que es ficción basada en hechos reales[58].

---

58 Los archivos judiciales nos ofrecen otros lances también portentosos. Un Letrado de las Cortes Generales llevó por dos veces al Tribunal Supremo sus desavenencias con un compañero de cuerpo: La primera, en su recurso contra la sanción disciplinaria que se le había impuesto por una falta grave de desconsideración cometida al informar al ministerio fiscal de un supuesto delito cometido en la cámara, sin advertirlo previamente al letrado mayor ni consultar a la asesoría jurídica ni al interventor, hechos con ocasión de los cuales su compañero había manifestado respecto de él: "creo que ha enloquecido". La segunda vez fue nada menos que porque se desestimaron sus solicitudes del carnet de investigador para los archivos de ambas cámaras. La resolución denegó los carnets pero no impidió su acceso a los archivos porque, según su motivación, los Letrados de las Cortes son un personal propio que no requiere carnet de investigador. Pero eso era lo de menos, llegados a ese punto. En sus recursos, el letrado impugnaba la inadmisión de la recusación que había planteado contra su compañero de cuerpo, pero el Alto Tribunal desestimó ambos recursos y con ellos, sus

Pues bien, es opinión común que esta doble causa de abstención persigue evitar que la amistad o la enemistad nublen la objetividad en el juicio de quien ha de decidir lo más conveniente para el interés general, con imparcialidad entre los interesados en un procedimiento. Y sin duda que así es y así debe ser, pues amistad también es "merced, favor" —según el *Diccionario de la lengua española*— y se trata de evitar que quien tiene que instruir o resolver un asunto haga merced o favor a un amigo interesado en él. Como le propone Casio a Bruto en el *Julio César* de Shakespeare, "*el ojo de un amigo no ve defectos*". Aunque, si bien se mira, tanto Casio como Bruto se decían amigos de César hasta que lo apuñalaron, así que quizás este no sea el mejor ejemplo.

Pero tengo para mí que esta regla también quiere, contrariamente, preservar a una buena amistad o a una sana enemistad de los daños que puede causarle un juicio objetivo. Se me replicará que no hay peligro, porque ya Cicerón advirtió que entre amigos ha de reinar siempre la verdad y sancionó esta ley en *La amistad*: "*que no pidamos nada deshonroso y que no lo hagamos aunque nos lo pidan*", pero yo duplico que el propio Cicerón también tuvo que dar la razón a su amigo Terencio, quien en su *Andria* defendió que "*la complacencia pare amigos; la verdad, odios*". Por si acaso, la prudencia del legislador español ha preferido preservar a la amistad de los riesgos de un juicio severo.

Y no se me impugne que bien está que la ley quiera preservar a la amistad, pero que no tiene sentido que haga lo propio con la enemistad, aduciendo que ésta es algo reprochable o, peor aun, despreciable. Todos sabemos que vale más un buen enemigo que un mal amigo y que una enemistad bien elegida y llevada puede sernos de gran provecho. Lo sancionó Plutarco con mucho tino al escribir su opúsculo *Cómo sacar provecho de los enemigos* mientras sus coetáneos se distraían ensalzando la amistad. Y Gracián siguió su ejemplo en su *Oráculo manual y arte de prudencia*, donde aconseja "*saber usar de los enemigos*" (§ 84) pues "*al varón sabio más le aprovechan sus enemigos que al necio sus amigos*".

---

alegaciones de enemistad manifiesta (SSTS de 27 de mayo de 2003 y de 13 de junio de 2005).

Así las cosas, más bien podríamos dudar de la conveniencia de excluir a los enemigos por la razón inversa, es decir, por entender que una buena enemistad contribuye a un juicio riguroso, si convenimos con La Rochefoucauld que "*nuestros enemigos se acercan más a la verdad, en los juicios que emiten sobre nosotros, de lo que nos aproximamos nosotros mismos*" (*Máximas*, § 458). Pero aunque los amigos —como pretende Cicerón— o los enemigos —según La Rochefoucauld— pudieran ser nuestros juzgadores más certeros, sería harto difícil encontrar a quien lo fuera por igual con todos los candidatos o interesados en el procedimiento. Así que no está de más dejar a la amistad íntima y a la enemistad notoria al margen de los negocios administrativos, en beneficio de las unas y de los otros.

14. La buena educación

El virtuosismo de la Administración no para ahí: en su trato con los ciudadanos, los empleados públicos deben abstenerse de ser o hacer amigos, pero también deben empeñarse en ser amigables. Pues los ciudadanos no sólo tienen derecho a ser tratados por ellos con respeto, sino también con deferencia y a que les faciliten el ejercicio de sus derechos y el cumplimiento de sus obligaciones [art. 13 e) LPAC]. Según la Real Academia Española, lo que la deferencia añade al respeto no es sino la cortesía y ésta —que también admite varias acepciones pero, en este contexto, no puede quedarse en la manifestación de respeto, ni tampoco alcanzar al regalo o la dádiva— consiste en la obsequiosidad, esto es, en la cuidada atención y urbanidad de una relación. Cualidades que un día fueron cortesanas y hoy se afirman burocráticas sin solución de continuidad.

La Ley 19/2013, de 9 de diciembre, de Transparencia, Acceso a la Información Pública y Buen Gobierno, a la que ya hemos conocido a propósito de la transparencia (*vid. supra*, § 4) y ahora nos ocupa por el buen gobierno, abunda en la misma idea cuando manda a los altos cargos tratar a los ciudadanos "con esmerada corrección" [art. 26.2.a)6°]. O sea, que los empleados públicos en general les deben un trato deferente a los ciudadanos, pero los altos cargos deben además esmerarse. Sin embargo, no hacerlo o incluso tratar de forma incorrecta a los ciudadanos no les acarrea ninguna sanción, porque la ley sólo tipifica como infracción leve "la incorrección con los superiores, compañeros o subordinados" [art. 29.3.a)], por la que pueden ser amonestados. En este punto, el compañerismo sigue aventajando al civismo en la estima del legislador.

El equilibrio entre los deberes derivados del principio de imparcialidad y de la buena educación no siempre deja al empleado público en una posición cómoda: según la ley, debe abstenerse de hacer merced o favor y debe rechazar a su vez todo trato de favor y cualquier regalo, favor o servicio en condiciones ventajosas, pero sólo si va "más allá de los usos habituales, sociales y de cortesía" (arts. 53.7 y 54.6 TREBEP, en términos similares se expresa el art. 26.2.6° de la citada Ley 19/2013). Es decir, que el mandato de guardar la apariencia de imparcialidad cede ante el riesgo de parecer descortés.

La tópica España está muy lejos de la Bensalém utópica imaginada por Francis Bacon, cuyos visitantes se maravillaron de que un funcionario a quien le habían ofrecido unas monedas de agradecimiento por sus amables gestiones las rechazara riendo, porque "*al funcionario que acepta gratificaciones le llaman <<pagado dos veces>>*". Aquí, entre nosotros, a la persona caracterizadamente cortés la llamamos también obsequiosa. Por algo será. Y la dádiva la aceptamos con agrado, a condición de que sea discreta y no pecuniaria. Sin interés ni intención, por una pura cortesía que revela el noble desapego de nuestro elevado espíritu hacia las pequeñas cosas mundanas.

En un país cuyo régimen administrativo ha sido zarandeado por varias guerras (de sucesión, de independencia, civil) y violado por varias revoluciones (burguesas o proletarias) pero nunca fecundado de forma perdurable con una moral republicana, *noblesse obligue* hoy en el despacho oficial como ayer en los salones de la corte. Siendo relajados nuestros usos y exquisita nuestra cortesía, sigue siendo común que los despachos de altos cargos, autoridades y directivos públicos estén decorados con exceso de (buen o mal) gusto; y no es extraño por navidad y otras ocasiones señaladas ver en sus antedespachos un tráfago de jamones de bodega, cajas de caldos añejos, plumas estilográficas, marroquinería fina, prendas y complementos de marcas de consideración o ejemplares numerados de exquisitas ediciones y litografías de autor. Pero no debemos inquietarnos: lo que ocurre en el despacho en el despacho queda y no cuenta para la amistad íntima —según una jurisprudencia de la que me he hecho eco más atrás en §13—, de modo que sabemos ser agradecidos y corresponder obsequiosos sin empañar por ello nuestra imparcialidad ni nublar nuestro juicio. Así somos nosotros, para admiración de Europa.

15. La exaltación de la empatía

Entre los primeros servicios públicos en tomar forma en nuestro Derecho histórico se encuentran los de carácter social o de beneficencia. Primero la caridad, después la fraternidad y por último la solidaridad o cohesión social han sido los principios que han orientado esta actividad prestacional de las Administraciones públicas. Aunque la evolución entre estos principios expresa una transición desde una axiología teológica cristiana a otra humanista laica, su vigencia sin solución de continuidad refleja asimismo el valor estable de la empatía en el Derecho público.

Para no ser tachado de cándido, habré de reconocer que la caridad promulgada por el Derecho público ha tenido sus sombras. En un mundo de relieves y contrastes, toda luz proyecta sombras. Así que empecemos por ellas.

Es cierto que las medidas adoptadas ni siempre ni sólo han estado guiadas por las necesidades y los derechos de los menesterosos. En una Pragmática de 1623, Felipe IV prohibió enseñar "*gramática en los hospitales donde se crían niños expósitos y desamparados*" para así mejor "*aplicarlos a otras artes, y particularmente al exercicio de la marinería, en que serán muy útiles por la falta que hay en este Reyno de pilotos*". Y aun cuando de verdad se quería lo mejor para ellos, a veces se exponía de forma un tanto prejuiciosa. Carlos III mandó por Real Resolución de 21 de julio de 1780 separar por sexos a los alojados en los hospicios, y también por edades "*para preservar a los niños y las niñas del trato con los adultos de su mismo sexo, para que no aprendan de su trato los vicios tan comunes en estos hombre y mujeres, que se han criado en la licenciosa vida mendiga*".

Pero las intenciones del Rey eran, sin duda, de la mejor calidad. Por Orden de 2 de junio de 1788 mandó a los rectores de las casas de expósitos que no entregaran a los niños a personas que los mantengan si no es con las seguridades y formalidades necesarias, "*para evitar iguales casos á lo ocurrido en San Lucar de Barrameda de haber sacado la Sociedad Económica de Amigos del Pais de aquella ciudad de poder del autor de una compañía de volatines dos chicos que había tomado en la casa de expósitos, para habilitarlos en sus violentos manejos de cuerpo*". El Rey no quería que se sometiese a sus pequeños súbditos a violentos manejos de cuerpo, sino más bien a "*la debida educación y enseñanza, para que sean vasallos útiles*"[59].

Los que sigan escépticos mudarán definitivamente a conversos después de leer algunas otras piezas del ordenamiento como la Real Orden dirigida por el Ministerio de Beneficencia y Sanidad el 9 de septiembre de 1853 a los Gobernadores de las provincias de Madrid y Barcelona[60] para "*que se excite el celo y la filantropía del Ayuntamiento de esas capitales, en las que el aumento de población y el excesivo número de las clases jornalera y proletaria exige más que en otros puntos la adopción de medidas higiénicas y de policía en las habitaciones a ellas destinadas, para que se ocupe con toda preferencia en escogitar los medios más aptos de edificar en barrios extremos una o más habitaciones para pobres, en las que la comodidad e indispensable holgura se aúnen con la baratura de los alquileres y con los hábitos de esta clase de la población*". No nos aclaró el Ministro cuáles fueran "*los hábitos de esta clase de la población*", pero sí los problemas higiénicos que había que atajar, pues "*la lobreguez y los miasmas más deletéreos forman la corrompida atmósfera de la mayor parte de las casas en que vive el bracero, el operario, el desvalido cesante, o la mísera viuda rodeada de tiernos niños en triste orfandad*".

Quizás deba advertirse que los tiernos niños en triste orfandad siguen siendo objeto de especial tutela por la Administración, y aun de forma mucho más ambiciosa y sistemática bajo el ramo de lo que conocemos como acción social o servicios sociales. Pero la cálida ternura del Estado liberal ha sido sustituida en el Estado social por un frío estilo tecnocrático que encubre con flema su empatía y que hoy llamaría "cónyuge supérstite con recursos económicos inferiores al IPREM" a la mísera viuda o "personas menores de edad en estado de necesidad causado por el fallecimiento de sus progenitores" a los tiernos niños en triste orfandad.

---

59 *Novísima Recopilación de las Leyes de España*, Libro VII, Título XXXVII, Leyes I y III; y Título XXXVIII, Ley IV.

60 Gaceta de Madrid, nº 256, de 13 de septiembre de 1853.

Aparte de testimoniar cuánto ha cambiado desde entonces el estilo de nuestra literatura administrativa, aquella benemérita Real Orden también deja patente la orientación social e higienista de la primera acción administrativa en materia de vivienda en España, de la que se iría olvidando con el correr de los tiempos mientras se afirmaba como un ramo de la política económica. Lo testimonia este otro pasaje no menos entrañable: "*Persuadida Su Majestad de que la habitación es una de las cosas más importantes en la vida del pobre, y de que a procurársela en buenas condiciones higiénicas, aereada y sana, deben encaminarse los esfuerzos de la Administración por lo que al bienestar de las clases desvalidas interesa, tanto como por lo que afecta a la pública salubridad, desea que tan importante mejora se realice cuanto antes en bien de las clases desvalidas.*"

Ninguna otra rama del Derecho se conmueve por la suerte de los desvalidos como el Derecho administrativo. Así que allá por el 1798 Don Pedro Joaquín de Murcia, quien fuera miembro del Consejo de su Majestad en el Supremo de Castilla y Colector General de Expósitos y Vacantes de las Mitras del Reino, ya afirmaba sin ditirambo alguno que "*el Rey es el padre de los huérfanos, el esposo de las viudas, el dios de los pobres, los ojos de los ciegos, las manos de los mancos, el auxilio de las necesidades comunes, el deseo y el amor de todos, y una deidad mortal, cuyo título más ilustre es el de padre de los pobres*".

Como hoy el Rey reina pero no gobierna, son el Gobierno y la Administración pública quienes han tomado su vez en la ardua tarea de ser padre, esposo, dios, manos y ojos, deseo y amor. Vale, pues, que la Administración es poco simpática, pero nadie nos negará por contra que es muy empática.

No nos cansemos de repetirlo: la Administración se duele con el que sufre, mira por el que no ve, vela por nuestros desvelos. Pero tanto han cargado las tintas los críticos —y en § 8 hemos comprobado que son un ejército bien pertrechado—, tanto han insistido en su deshumanización, su indolencia y sus corrupciones, que muchos propugnan con entusiasmo el advenimiento de una Administración autómata. El legislador básico le ha franqueado la puerta sin apenas reparos ni condiciones a la "actuación administrativa automatizada", que es la realizada sin intervención humana directa (art. 41 LRJSP). Pero el legislador sectorial, frecuentemente más fino y despierto, ya ha salido al paso. Así, por ejemplo, la Ley General de la Seguridad Social prohíbe la gestión automatizada de las pensiones no contributivas (art. 130). Podemos estar tranquilos: en la seguridad social seguiremos encontrando, por ahora, un reducto de calor humano.

16. *El elogio de la filantropía*

Si bien acabamos de constatar que nuestro Derecho administrativo ha perdido ternura desde el siglo XIX, también podemos afirmar ahora que ha ganado confianza en la bondad espontánea de los seres humanos. Podríamos conjeturar que esa es la razón por la que nuestra Constitución ya no prescribe la obligación de los españoles de ser justos y benéficos, como es conocido que sí hacía la Constitución de Cádiz de 1812, pero sería mucho aventurar porque no conocemos con certeza los motivos por los que esta obligación fue derogada ni si alguna vez hubo de ser aplicada, en qué forma y con qué efectos.

Pero lo que sí es cierto es que nuestro legislador liberal fue muy receloso y obstructivo para con los cuerpos intermedios entre los individuos y el Estado, en particular los entes sin ánimo de lucro creados por aquéllos para fines de interés general. Al individuo se le presumía entonces un egoísmo incompatible con el altruismo, que quedaba reservado al Estado o al menos bajo su severa vigilancia.

Alguna razón para la desconfianza no faltaba. Ya fuera por corrupción, por desidia, por impericia o por falta de medios, lo cierto es que muchos institutos decimonónicos de beneficencia inspiraban más miedo que confianza. En otra joya de la literatura burocrática dos décadas anterior a la que he citado en el capítulo anterior, como es la célebre Instrucción a los Subdelegados de Fomento de 30 de noviembre de 1833, Javier de Burgos lanzaba esta admonición: "*la cama del hospital y la cuna de la casa de expósitos suelen ser escalones para la tumba*". Y para probar que no afirmaba tal cosa poseído por el cinismo, sino animado por la filantropía, añadía a continuación: "*Importa altamente que los enormes gastos que ocasionan estos establecimientos se ordenen y dirijan en beneficio de la humanidad; que el espíritu de caridad reemplace al de especulación, y a los desdenes de la indiferencia fría el esmero de la compasión fogosa*" en pos de "*una Administración benéfica e ilustrada*"[61].

---

61 Recordábamos más atrás que para Charles Dickens en la Administración "*no se eleva nunca la luz de la razón*" y comprobamos ahora que su coetáneo Javier de Burgos postula una Administración "*ilustrada*". Como si aquello

Hoy las tornas han cambiado y tanto es el crédito que fundaciones y asociaciones merecen al Estado, que incluso se ha decidido a imitarlas disfrazándose de ellas. La Ley 50/2002, de 26 de diciembre, de Fundaciones, les atribuye a las personas públicas capacidad para fundar y erige en categoría a las que llama las "fundaciones del sector público estatal", con todo un capítulo hoy recogido y ampliado en la LRJSP. Así que últimamente hemos visto a las Administraciones públicas adoptando la veste fundacional, por ejemplo, para sanar a los enfermos o para favorecer la cultura o la investigación. Este travestismo parece denotar que el Estado no recela ya de las fundaciones. O, al menos, que ya no recela de ellas tanto como de sí mismo. Y ese es otro gesto de genuino lirismo, como el que inspiró a Jaime Gil de Biedma su memorable poema *Contra Jaime Gil de Biedma*, culminado en su mitad por este contundente verso: "*¡Si no fueses tan puta!*".

Así las cosas, el tercer sector es objeto hoy de mimo por nuestro Derecho administrativo, que busca reconciliarse e incluso ayuntarse y confundirse con él mediante reglas tales como la que le da preferencia a sus organizaciones para la adjudicación de ciertos contratos [art. 147.1.c) LCSP] o las que le permiten adquirir gratuitamente los bienes patrimoniales de las Administraciones públicas (arts. 145.1

---

fuera siempre una fatalidad y esto último una bendición. Así será, pero cuidemos que la razón de la Administración no aplaque su sentimiento (o, en el lenguaje jurídico: que la razón objetiva no pase por encima de los derechos subjetivos de las personas que padecen la acción administrativa) porque, de lo contrario, su ensoñación será capaz de producir monstruos. Ilustre ilustrado, por ejemplo, fue Bernardo Ward, a quien para "limpiar el Reyno de vagabundos", no se le ocurrió mejor idea que la de fletar un barco que cargara con todos los mendigos para formar con ellos una colonia a orillas del Orinoco (*Obra pía, y eficaz modo para remediar la miseria de la gente pobre de España*, Madrid, 1787). No nos extrañe que Jonathan Swift satirizara las descabelladas ideas de sus contemporáneos en su ensayo *Una humilde propuesta que tiene por objeto evitar que los hijos de los pobres sean una carga para sus padres o para el país, y hacer que redunden en el beneficio de la comunidad* (1729). La propuesta de Swift, en pocas palabras, consistía en reservar una proporción de niños para la crianza y el resto, venderlos al año de vida para que sirvieran de alimento a la gente de alcurnia y de fortuna del reino. Y el caso es que el autor la defendió con una racionalidad tan impecable como implacable.

LPAP y 79.2 TRRL), cosa que está vedada a las demás personas privadas. Auténticos privilegios, pues, basados en la presunción *iuris et de iure* del ánimo altruista de fundaciones y asociaciones de utilidad pública, por más que quienes las han creado y participan o están representados en su gobierno puedan ser empresas mercantiles muy lucrativas, o que su personal directivo pueda lucrarse y mucho con su actividad[62].

En suma, hemos dejado de mandar a los españoles ser justos y benéficos para acabar presumiendo que lo son todas las organizaciones no lucrativas que ellos creen, lo que denota una creciente confianza, por lo demás encomiable, en la condición humana.

62 Es decir —parafraseando un feliz juego de palabras que nos brindó Manuel Rebollo Puig en el Congreso de la Asociación Española de Profesores de Derecho Administrativo celebrado en Alicante en 2013— que las *entidades sin ánimo de lucro* pueden, sin embargo, ser también *entidades sinónimo de lucro*. No pocas fundaciones son empresas disfrazadas, lobos con piel de cordero.

17. La némesis de la negligencia

Cuando Catherine Eddowes asomó a Mitre Square, sintió el aire fresco del otoño en la cara. Las altas fachadas de ladrillo ennegrecido de Whitechapel enfilaron su vista a lo alto, a una estrecha franja de cielo que atardecía rasgada por nubes rojizas de mal presagio. Se atusó las greñas, se enderezó los pechos y empezó a caminar orgullosa y cadenciosamente mientras les profería procacidades a los viandantes que pasaban a su lado. Algunos, los más, se apartaban con disgusto. Otros pocos entraban al juego. Alguno la acompañaba a un siniestro callejón.

Unas horas después, el cuerpo de Catherine yacía muerto: había sido estrangulada, degollada y eviscerada por Jack El Destripador, de igual forma que lo había sido apenas cuarenta y cinco minutos antes Elizabeth Stride, en una noche sanguinaria que consagraría la perdurable fama de Jack, hecha mitad de repulsión y mitad de fascinación.

A Jack El Destripador se le atribuyen cinco asesinatos. Aunque se ha especulado con la atribución de otros crímenes, esos son los conocidos como *los cinco canónicos.* Una minucia para la actual sociedad globalizada de consumo, en la que abundan las noticias de asesinatos producidos en serie o en masa. Pero el mito de Jack no se sustenta en la cantidad, sino en la calidad, en el ambiente y en la descoordinación administrativa.

Según parece[63], la competencia para investigar el crimen de Mitre Square correspondió a la Policía de la ciudad de Londres, mientras que el cometido sólo unos minutos antes y los otros tres atribuidos al Destripador correspondieron a la Policía Metropolitana, lo que complicó la identificación y detención del famoso asesino. El 29 de septiembre de 1888, la revista satírica *Punch* publicó una viñeta de John Tenniel[64] que ilustraba un poema sobre Jack el Destripador que

---

63 Miquel Molina, "Aquí mató Jack el Destripador", *El Magazine*, 7 de julio de 2013, págs. 26-32.

64 Bien conocido en su época, Tenniel fue el ilustrador original de *Alicia en el país de las maravillas* y recibió el título de Sir de la Reina Victoria en 1893.

lo representaba como un fantasma que recorre una lúgubre calleja cuchillo en mano, bajo el título "La némesis de la negligencia (*The Nemesis of Neglect*)".

Por eso los administrativistas de hoy se ocupan y preocupan por los principios y reglas del Derecho de la organización administrativa, otrora considerado un aspecto puramente doméstico e irrelevante: porque siendo la Administración la organización ocupada de ejecutar el Derecho, sin eficacia de la Administración no hay Derecho. Que se lo digan si no a Catherine Eddowes, Elizabeth Stride, Mary Ann Nichols, Anne Chapman y Mary Jane Kelly, que llevaron una mala vida y tuvieron una peor muerte a manos de Jack *The Ripper*, víctimas de la ineficacia administrativa.

Y sin embargo, todas sus muertes tuvieron lugar en 1888. Después de ese año, no hay consenso en atribuirle a Jack más asesinatos. Quizás ya no pudiera cometerlos: ¿murió, fue internado, fue detenido por otras causas pendientes, fue descubierto pero no detenido por tratarse de un personaje demasiado poderoso para que la Inglaterra victoriana asumiera el escándalo? O quizás dejaran de satisfacerle: se dice que algunos asesinos en serie actúan movidos por el afán de ser castigados. Si este fue su caso, la ineficacia policial habría tenido un éxito tan completo como paradójico: no sólo habría detenido los crímenes no deteniendo al criminal, sino también le habría castigado no castigándole. A estas alturas, parece que ya nunca lo sabremos.

Lo que sí sabemos es que la notoriedad mediática conseguida por los crímenes sublimes de Jack el Destripador conmovió a la opinión pública británica y generó un debate público sobre la insalubridad y el hacinamiento del *East End* londinense que, a su vez, llevó a la Administración a acometer varias actuaciones de reforma interior del barrio en las décadas sucesivas. Vaya por dónde. Quién le iba a decir al macabro asesino de prostitutas que también sería un catalizador de la regeneración urbana en el Londres victoriano.

18. El peso de la experiencia o la sabiduría del diablo

Reza un conocido refrán que "*más sabe el diablo por viejo que por diablo*". El ordenamiento jurídico español comparte tan popular opinión y la aplica comúnmente como requisito de legitimación para ocupar puestos o cargos públicos de relieve, de modo que también presume *iuris et de iure* que la antigüedad es un mérito.

Durante mucho tiempo rigió en España un precepto de la Ley de Presupuestos para el año económico de 1876-77, de 21 de julio de 1876, que exigía como requisito de idoneidad para ser jefe superior de la Administración "*haber sido elegido Diputado a Cortes en dos elecciones generales, contar 10 años de servicio en la Administración civil o haber disfrutado un sueldo igual o superior a 8.750 pesetas*". Desde entonces ha llovido mucho y lo de un pingüe sueldo ya no se estila en la Administración, pero sigue apreciándose el mérito de la experiencia.

Todavía hoy, por ejemplo, se requieren al menos quince años de experiencia profesional para ser Fiscal General o miembro del Tribunal Constitucional. También para ser consejero permanente de Estado, pero en este caso sólo se les exige a los profesores numerarios de universidad y a los funcionarios de carrera. Se comprende que la función pública en general, y la universitaria en particular, sean actividades requeridas de cierta cantidad para compensar su poca calidad y poder así atribuir mérito suficiente a su desempeño, que sin embargo imprime carácter espontáneo desde el primer día en las demás categorías que dan acceso a ese empleo, aunque se cese o sea separado de ellas al día siguiente. Por lo demás y paradójicamente, para ser Presidente del Gobierno, Ministro, Presidente del Congreso de los Diputados o del Senado o Defensor del Pueblo basta la mayoría de edad; y ni siquiera eso se exige para ser Rey, pero esa ya es otra cuestión.

Además, la Ley Orgánica del Tribunal Constitucional o la propia LRJSP utilizan la antigüedad y, en su defecto, la edad como criterio dirimente para sustituir al presidente de los órganos colegiados en caso de vacante, ausencia o enfermedad. La antigüedad en el puesto o cargo es, sin duda, un criterio objetivo de selección que guarda relación directa con la función que se ha de ejercer: por escaso que haya sido el desempeño puesto, la experiencia siempre es un grado. La antigüedad es asimismo un concepto retributivo de los funcionarios públicos: los llamados trienios retribuyen con espíritu poético pero precisión aritmética el inexorable paso del tiempo, sin ceder a ninguna otra consideración. Sólo *estar* en el servicio activo —sean cuales sean el quehacer y el desempeño— es en sí mismo un valorado mérito.

Ahora bien, a diferencia de la antigüedad en el puesto o en la carrera, la edad ya no guarda relación directa con la función, sino sólo indirecta: la edad no es otra cosa que la antigüedad en la vida, que ciertamente nos inflige duras lecciones que han de sernos útiles para el buen desenvolvimiento de cualquier puesto o cargo, por difícil que este sea. Tal parece ser la *ratio legis* en este punto.

En fin, que el tiempo marca nuestro estar en el mundo y la fatalidad de nuestro destino. Para los humanos, todo es cuestión de tiempo. De ahí que se nos impongan los plazos preclusivos.

Incluso las concesiones administrativas, que una vez fueron otorgadas a perpetuidad, ya fueron reducidas por los artículos 126 de la Ley de Patrimonio del Estado de 1964 y 64 de la de Contratos del Estado de 1965, de forma general e improrrogable, a noventa y nueve años. Si Cristo pudo salvar a la humanidad en treinta y tres años de vida, el triple de tiempo debería sobrar a cualquier empresa para amortizar su inversión, por costosa que sea. Hoy las concesiones tienen limitada su duración máxima a 75 años las demaniales (art. 93.3 LPAP) y a lo más 40 las de obras y servicios (art. 29.6 LCSP). Como advierte el Tribunal Supremo, la concesión es un "negocio de término esencial" que, más pronto o más tarde, ha de caducar (STS de 14 de julio de 1981).

Mucho más perentorios pueden ser otros plazos. Como acertó a decir ya el Tribunal Contencioso-Administrativo en una remota Sentencia de 3 de febrero de 1893, "*los plazos señalados a los particulares para utilizar la reclamación en vía contenciosa, son fatales y corren de momento a momento*". No menos intimidatoria suena la Ley para la vía administrativa —ahora que el procedimiento electrónico permite acelerar los tiempos y señalar los plazos no ya por años, por meses o por días, sino incluso por horas— cuando advierte que "*se contarán de hora en hora y de minuto en minuto*" (art. 30.1 LPAC). Fácil se adivina en esta inquietante regla la inspiración del poeta:

> *Sed fugit interea, fugit irreparabile tempus,*
> *singula dum capti circumvectamur amore*[65]

La Administración, en cambio, es eterna, por lo que rige para ella la condescendencia generalizada con las actuaciones extemporáneas del art. 48.3 LPAC. Hay algunas excepciones notables, como el plazo máximo para resolver (art. 21 LPAC), pero puede aplacarlas recurriendo a las diligencias previas (art. 55), acomodarlas mediante suspensiones (art. 22) y ampliaciones (art. 32) e incluso cumplirlas defectuosamente (art. 40.4) o sencillamente incumplirlas. Así que los términos y plazos nos obligan a todos (art. 29), pero no a todos por igual. Y lo mismo cabe decir si volvemos de la actividad a las cosas: mientras que hemos visto que las concesiones a los particulares se han hecho temporales por esencia, el dominio público sigue siendo imprescriptible (art. 132.1 CE), porque algo queda del viejo aforismo según el cual "*nullum tempus currit contra regem*". Para la *Vieja Dama*, el paso del tiempo es exorable.

---

65 "Pero entre tanto huye, huye irreparable el tiempo, mientras nos demoramos atrapados por el amor hacia los detalles" (Virgilio, *Geórgicas*, III, 284-285). Consciente de lo deprimente que sonaba esto, puso Virgilio en la boca de Júpiter estas palabras de consuelo dirigidas a Palas en el campo de batalla: *Stat sua cuique dies, breve et irreparabile tempus omnibus est vitae: sed famam extendere factis, hoc virtutis opus* ("Cada uno tiene fijado su día, breve e irreparable es el tiempo de la vida de todos; pero ampliar la fama con hechos es tarea virtuosa", *Eneida*, X, 467-469). Animados por ellas, se esfuerzan los interesados por hacerse valer en los procedimientos administrativos pese a plazos tan perentorios.

19. La fuerza de la memoria

La memoria es una cualidad tan huidiza como discutida. Quizás debiera la Administración proclamar con Antonio Gamoneda: "*No hay en mí memoria ni olvido; única y simplemente lucidez*" (*Canción errónea*, 2012). Sin embargo, el Derecho parece recelar de la lucidez de la Administración porque se empeña en preservar su memoria, en varios sentidos problemáticos.

Por un lado, el ordenamiento pretende que legislador y ejecutivo guarden memoria de sus actos. Y no cualquier memoria, sino una memoria justificativa, es decir: una memoria que no sólo guarda hechos sino también razones. Y no contento con exigirles memoria a los poderes públicos, les demanda también que actúen conforme a ella. Este deber de congruencia no rige afortunadamente sobre los mortales: demasiado pasajera es nuestra existencia, e incierto nuestro destino, como para no permitírsenos la desmemoria, la incongruencia o cualquier otra forma de libérrima arbitrariedad en nuestra vida privada. Así que para nosotros la memoria y la congruencia no son deberes, sino todo lo más cargas en nuestras relaciones con las Administraciones públicas.

Pero otra cosa es la Administración y varios ejemplos pueden ponerse. Desde el deber de motivar los actos que se separen del criterio seguido en actuaciones precedentes [art. 35.1.c) LPAC], hasta encomendar a la memoria la delimitación de la zona marítimo-terrestre: "*hasta donde alcancen las olas en los mayores temporales conocidos*", según la poética expresión del art. 3.1.a) de la Ley de Costas, que bien podría haberse rematado "*... del uno al otro confín*".

También procede la anulación de un plan urbanístico por apartarse de lo previsto en su memoria, a la que el Tribunal Supremo considera vinculante a partir de una notable sentencia del de 16 de junio de 1977 (después seguida por otras como la STS de 21 de septiembre de 1993). Ese fallo acogió la pretensión de los vecinos del barrio de Orcasitas de que se anulara el plan parcial de que se trataba, porque no preveía el retorno de los chabolistas que habían sido expropiados y realojados para hacer posible la actuación urbanística, pese a que la memoria del propio plan exponía que tal era la causa de la urbanización planeada. La traición a la memoria recibió sanción de nulidad en este caso aleccionador.

Lo más memorable del caso es que, para dejar testimonio *in situ* de la hazaña histórica conseguida por el movimiento vecinal de Orcasitas, el Ayuntamiento de Madrid adoptó el raro toponímico "Plaza de la Memoria Vinculante" para nombrar a uno de los espacios públicos del barrio. Este nombre demuestra otra cualidad que puede encontrarse —aunque no abunde— en la Administración pública: un fino sentido del humor o de la justicia poética en el ejercicio de la discrecionalidad —pues discrecional es el poder de dar nombre oficial a calles y plazas—, capaz de rendir tributo a la derrota infligida por un digno oponente.

Así es como el callejero de Madrid guarda memoria de una memoria. Un caso tan aleccionador como singular pues, como comentara a su propósito Eduardo García de Enterría, "*no suele ser común que el gárrulo conceptismo de los juristas pase a la conciencia popular, y menos aún con un eco inmediato de libertad y de justicia*"[66].

Pero no nos detengamos en la Plaza de la Memoria Vinculante. Si alargamos nuestro paseo por sus alrededores, enseguida encontramos otras plazas igualmente evocadoras como las de la Solidaridad, de las Asambleas, de la Asociación, del Movimiento Ciudadano o de las Promesas. Y llegaremos a ellas por las Calles del Plan Parcial, del Censo, de la Remodelación, de la Participación, de la Expropiación, de los Encierros o de los Retrasos. Así que el barrio de Orcasitas encierra hoy una sagaz alegoría urbana del laberinto administrativo.

Páginas atrás he podido ponderar el poder administrativo de la onomástica a propósito del registro civil (§ 9). Ahora, a propósito de Orcasitas, no puedo dejar pasar la ocasión de ensalzar, aunque sea solo incidentalmente, el arte administrativo de la toponimia. Según la Ordenanza del Municipio de Madrid reguladora de la Denominación y Rotulación de Vías y Espacios Urbanos, de 24 de abril de 2013, el Ayuntamiento puede elegir "*cualquier nombre que sea adecuado para*

---

66 "Plaza de la memoria vinculante", tercera del diario *ABC* de 2 de mayo de 1991.

su identificación y uso general" excepto los "*que puedan inducir a error, sean malsonantes, provoquen hilaridad o sean discriminatorios*". El ejemplo que hemos puesto no provoca la risa sino la sonrisa —que es a lo que debe mover el verdadero humorismo, según Don Ramón Gómez de la Serna— así que no está incurso en las prohibiciones citadas.

Y el de Orcasitas no es el único barrio español consagrado a una idea nuclear. En Zaragoza, la nueva urbanización de Valdespartera se arracima en torno a la Avenida del Séptimo Arte, que distribuye el tráfico por las calles Cantando Bajo la LLuvia, Un Perro Andaluz o Con Faldas y a lo Loco y las plazas Ben Hur, la Señora Miniver o Mary Poppins. Quién no querría pasar unos días en el número 10 de Con Faldas y a lo Loco.

Nuestros callejeros esconden otros muchos nombres inspiradores. Nombres de exaltación patriótica, como las calles "Gibraltar español" que proclaman los municipios de Alcázar de San Juan, Almería, Anchuras, Balsicas, Consuegra, Torre del Campo o Torrijos. Nombres desafiantes como las calles "Salsipuedes" que hay en Arganda, Cudillero, Jaén y Madrid. E incluso nombres irónicos como "Me falta un tornillo", elegido por los vecinos de Arroyo de la Encomienda, en Valladolid, para una calle adyacente a un centro comercial de una conocida marca sueca de muebles. Con todo, el criterio general sigue siendo el de dedicar calles y plazas a la memoria de grandes personas, hechos y obras: desde Don Pelayo hasta el Payaso Fofó, desde Doña Berenguela hasta Gloria Fuertes, desde Don Quijote hasta Tintín y Milú.

Las intrincadas relaciones entre la memoria y el Derecho público —a la postre, entre memoria y justicia— no acaban en la esfera de los poderes públicos, sino que alcanzan también a la memoria de los individuos. La de los vivos e incluso la de los muertos.

Nuestro ordenamiento considera a la buena memoria de los muertos parte del derecho al honor del que siguen siendo acreedores pese a que su personalidad, en el sentido constitucional del término, "*se ha ido diluyendo necesariamente como consecuencia del paso del tiempo*" (STC 43/2004, de 23 de marzo, F.J. 5°). Delicada teoría ésta que presume que la muerte extingue la vida pero no la personalidad, pues ella se proyecta sobre la memoria de los otros y con ella languidece poco a poco.

Y a la buena memoria de los vivos, nuestro Derecho le atribuye el poder de dirimir su capacidad para ingresar en la función pública por el procedimiento de oposición (art. 61.6 TREBEP). El Programa que ha de regir en las pruebas selectivas de acceso al prestigioso Cuerpo de Abogados del Estado (Orden PJC/351/2024, de 19 de abril) se compone de un total de cuatrocientos sesenta y cuatro temas, que los candidatos deben esforzarse por memorizar con gran automatismo, ya que tendrán que exponer de corrido siete de ellos elegidos aleatoriamente tanto en el primer ejercicio como en el segundo de la oposición, a lo largo de sesenta y cinco minutos y sin dedicar menos de cinco minutos a ninguno de ellos (Resolución de la Subsecretaría de Presidencia, Justicia y Relaciones con las Cortes de 7 de noviembre de 2024).

Quizás sea cierto que nuestra sociedad padece el mal de la hipermnesia, del que se ha contagiado nuestro Derecho administrativo. Un mal que condena a la Administración a ser como Funes el memorioso, aquel otro funesto personaje borgiano con "*rarezas como la de no darse con nadie y la de saber siempre la hora, como un reloj*". Su minuciosa memoria hacía que recordar un día le llevara un día entero e impedía a Funes pensar, porque "*pensar es olvidar diferencias, es generalizar, abstraer. En el abarrotado mundo de Funes no había sino detalles, casi inmediatos*"[67].

Sólo así logro explicarme que el artículo 49 de nuestra Ley 16/1985, de 25 de junio, del Patrimonio Histórico Español proteja como patrimonio documental "*los documentos de cualquier época generados, conservados o reunidos en el ejercicio de su función por cualquier organismo o entidad de carácter público, por las personas jurídicas en cuyo capital participe mayoritariamente el Estado u otras entidades públicas y por*

---

67 Jorge Luis Borges, *Funes el memorioso*, en *Ficciones*, 8ª ed., Barcelona, Penguin Random House, 2011. Lo evoca precisamente a propósito de la hipermnesia de la sociedad contemporánea y su incidencia sobre la inflación del patrimonio cultural Daniel Muriel, "Estados hipermnésicos en la cultura de la memoria y la inflación patrimonializadora: ...", *Papeles del CEIC*, nº 64, septiembre de 2010.

las personas privadas, físicas o jurídicas, gestoras de servicios públicos en lo relacionado con la gestión de dichos servicios." Nada menos. Tan evidente desafuero nos coloca a todos los servidores públicos ante la tesitura de incumplir la Ley de manera sistemática, como hacemos cuando cotidiana, despreocupadamente lanzamos documentos de todo tipo a las papeleras de nuestros despachos y de nuestros ordenadores. Mientras aliviamos nuestra memoria, parece ser que expoliamos nuestro patrimonio, según la hipermnésica Ley.

Mucha carga, según creo, la confiada por nuestro ordenamiento jurídico a una cualidad tan fútil, falsaria y traicionera como la memoria. Recordar no es saber y tanto el filósofo como el poeta saben que la memoria sólo preludia al olvido. Ya lo advirtió Marco Aurelio: "*Todo es efímero: lo que nos hace recordar y lo que recordamos*", así que "*próximo estás a olvidarlo todo, próximo a que todos se olviden de ti*"[68]. Y Gamoneda insiste: "*mi recuerdo es hermano del olvido*".

68 *Meditaciones*, IV.35, VII.21.

20. Epílogo sobre mitos y leyendas

En las primeras páginas de esta extravagancia, he representado a la Administración pública primero como un leviatán, después como una serpiente, como una parca y como un cíclope. Pero según avanzaba, he ido descubriendo su compasión con los pobres, su empatía con los que sufren y su respeto por quienes combaten contra ella con dignidad, actitudes que encajan mal con aquellos estereotipos tenebrosos.

Es sorprendente la facilidad del Derecho administrativo para encajar en mitos clásicos y modernos que son recurrentes o, quizás, siempre un mismo mito: la lucha entre la razón y la fuerza. Y así, por ejemplo, el ciudadano en general y el abogado administrativista en particular tienden a verse frente a la Administración como Ulises frente a Polifemo, Teseo frente al minotauro, Apolo frente a Pitón, Jonás frente al leviatán, San Jorge frente al dragón, Ahab frente a Moby Dick o los liliputienses frente a Gulliver.

Sin embargo, este recurso también nos puede servir para vencer el maniqueísmo y captar los matices y la variedad de la relación jurídico-administrativa. Porque estos mitos no siempre tratan de un héroe que derrota de forma incruenta a un monstruo, sirviéndose de la razón para compensar su inferioridad de fuerzas.

Ulises sí se evadió de Polifemo valiéndose de la lanza con que lo cegó y del uso racional del lenguaje, con que lo engañó ("*yo soy nadie*"). Y Teseo escapó del laberinto con la ayuda del hilo de Ariadna, pero para matar primero al minotauro se sirvió solamente de la fuerza de sus puños, sin mayores sutilezas[69]. Parecido es el caso de Apolo,

---

69 En realidad, "es motivo de mucha discusión si mató al Minotauro con una espada que le dio Ariadna, o con sus manos desarmadas, o con su célebre clava", nos advierte Robert Graves en su erudito estudio de *Los mitos griegos* (vol. 1, Madrid, Alianza, 1985, pág. 424). Poco importa a nuestros efectos que lo hiciera a espadazos, a puñetazos o a mazazos.

que exterminó a la serpiente Pitón acribillándola con mil dardos hasta vaciar casi su aljaba. Y San Jorge abatió al dragón a mandoble limpio y a lomos de otra bestia. Por el contrario, Ahab no logró detener a Moby Dick con sus estachas, sino que él mismo se enredó en ellas y acabaron ahogándole. Pero es que Gulliver se desprendió de las lazadas que lo apresaban y se valió de su propia razón para aliarse con los liliputienses en una colaboración fecunda. Y el leviatán condujo a Jonás a la orilla donde lo puso a salvo, una vez este hubo expiado su sanción por incumplir la orden recibida de Yahvé.

Viene aquí muy a cuento recordar que Jonás no fue el único tragado por un monstruo marino que pasó tres días en su vientre. Curiosamente, la misma vicisitud pasó Hércules, quien salió victorioso por la lucha matando al monstruo, aunque parece que la hazaña le dejó completamente calvo. Jonás, en cambio, se salvó por la oración y fue vomitado por la ballena (nada sabemos de su cabello). La dispar relación con el leviatán del héroe griego y del profeta hebreo expresa muy bien el contrapunto al que me refiero. Es cierto que la Administración unas veces nos persigue, nos detiene, nos expropia o nos hiere, pero otras nos orienta, nos instruye, nos socorre o nos cura.

Y aunque cultivamos el estereotipo de la Administración poderosa e inclemente (la *potentior persona*), los ciudadanos sabemos también de su otra condición (la servidora pública) y salimos en masa a la calle de vez en cuando para protegerla y rechazar la privatización o la externalización de los servicios públicos más apreciados para nuestra calidad de vida.

¿Quién es entonces la Administración? Sostiene el artículo 3.4 LRJSP que "*cada una de las Administraciones públicas actúa para el cumplimiento de sus fines con personalidad jurídica única*". Así pues, ¿es una persona? Esa es la ficción a la que se agarra el Derecho. Pero yo no creo que sea persona ni animal, sino un dios. Y no el Dios cristiano dotado de fuerza, bondad y sabiduría infinitas, sino un dios menor de la antigüedad, con poder divino y vicios humanos, capaz de ser implacable pero también benefactor. Y desde luego falible, aunque eterno.

Como Jano[70], la Administración es el dios de las puertas, de los comienzos y de los finales. Nos acompaña en todos los tránsitos desde el alumbramiento hasta la muerte. Tiene dos rostros: los dos son rostros de una misma deidad capaz de ver el pasado y el porvenir al mismo tiempo y, por ello, de encontrar el equilibrio necesario para tomar decisiones sabias y justas que protejan a los ciudadanos y propaguen la armonía de la civilización. En una mano tiene una llave capaz de abrir todos los cerrojos. En la otra, un báculo con el que gobierna sobre todas las cosas temporales. Salve, Quirino. [71]

Podemos aceptar el sacrificio de reconocer a la Administración como un dios, soportar su poder y acatar su liturgia —el Derecho administrativo— pero sólo a condición de que sea desprovista de toda pretensión de omnipotencia e infalibilidad y siempre que, del mismo modo y por la misma razón que la consagramos, también podamos profanarla de vez en cuando. En su elogio de la profanación, dice Giorgio Agamben que ésta puede lograrse de dos formas: mediante el contagio (lo que consiguieron los vecinos de Orcasitas) o mediante el juego (como he intentado hacer aquí).

* * *

En fin. Sin duda podrían ponerse otros muchos ejemplos del raro lirismo del Derecho administrativo. Pero los aquí traídos nos han bastado para comprobar su aprecio por la intimidad del hogar y por los viajes iniciáticos; por el eros, la belleza y la gracia; por lo prohibi-

---

70 La primera pista de esta identidad oculta nos la brindó el Tribunal Constitucional, cuando afirmó el carácter *bifronte* del régimen jurídico de la Administración local (por todas, STC 84/1982, de 23 de diciembre). También Luciano Vandelli jugó con el mito de Jano para retratar al secretario municipal (*Alcaldes y mitos. Sísifo, Tántalo y Damocles en la Administración local*, Madrid, CEPC, 2006).

71 Parece que Jano era el nombre sacerdotal del dios, pero Quirino era su nombre público (de ahí su apelación como *Janus Quirinus*). Quirino y curia comparten la raíz co-virio, que significa colectivo y, por extensión, ciudad. Este nombre respondía a que Jano velaba por los ciudadanos. Ovidio le atribuye en sus *Fastos* ser el custodio del mundo con estas palabras que pone en su boca: "*me penes est unum vasti custodia mundi*", que bien podría ser el lema de la Administración.

do y los vicios; por el velo de las palabras y el desvelo del esfuerzo; por la retórica del silencio; por el sentimiento en general y por los impulsos de la amistad, la empatía o la filantropía en particular; por el paso del tiempo, el mérito de la vejez y la memoria. Nada más y nada menos. El empeño puesto por los legisladores, los administradores, los jueces y los autores en la defensa de estos valores parecerá a unos pacato, a otros inútil y aun ridículo; a mí se me antoja simpático, por momentos entrañable y en todo caso lleno de encanto.

tirant PRIME

Inteligencia jurídica
en expansión

Trabajamos para
mejorar el día a día
del **operador jurídico**

Adéntrese en el universo
de **soluciones jurídicas**

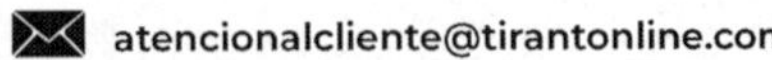

prime.tirant.com/es/